本书获得国家自然科学基金资助

新企业创建与区域经济发展
——基于东北地区的研究

于东明 ◎ 著

New Enterprise Creation and Regional Economic Development: Based on the Northeast China

中国出版集团

世界图书出版公司

广州·上海·西安·北京

图书在版编目(CIP)数据

新企业创建与区域经济发展：基于东北地区的研究/于东明著.—广州：世界图书出版广东有限公司,2015.1
ISBN 978-7-5100-7464-6

Ⅰ.①新… Ⅱ.①于… Ⅲ.①企业发展-关系-区域经济发展-研究-东北地区 Ⅳ.①F127.3②F279.273

中国版本图书馆 CIP 数据核字(2015)第 022866 号

新企业创建与区域经济发展——基于东北地区的研究

责任编辑　李汉保
封面设计　高　燕
出版发行　世界图书出版广东有限公司
地　　址　广州市新港西路大江冲 25 号
印　　刷　武汉三新大洋数字出版技术有限公司
规　　格　880mm×1230mm　1/32
印　　张　6.5
字　　数　152 千字
版　　次　2015 年 3 月第 1 版　2015 年 3 月第 1 次印刷
ISBN　978-7-5100-7464-6/F・0172
定　　价　23.00 元

版权所有,翻印必究

序　言

　　机会孕育创业，而创业始于机会。创业活动已经成为一种潮流趋势，以致无数的创业者投身于创业活动中。很多国家为了诱发创业实践，向有创业意图的创业者抛出了橄榄枝，为其创造有利的创业环境，鼓励其抓住机遇，实现个人价值，推动经济发展，增加社会财富。对于创业理论的研究也取得了一定的成果，并确立了一套成熟的理论，即创业者通过识别创业机会，开展一系列创业活动时，不仅带来个人价值的实现，而且也促进了相关产业链的增加，这种增加过程推动了整体企业的发展，并形成一套具有实践意义的理论，即创业文化。Schumpeter（1934）和 Romer（1986，1994）主要研究了经济发展和增长的影响因素，其中突出了创业精神的实践意义，将其无形的精神形式转化为有形的知识形式，进而促进经济的快速增长。创业者的创业行为直接促成新企业的创建，为地区创造大量的就业机会，促进企业社会价值的实现和地区的经济增长，并且也成为一个地区经济增长的关键因素。

　　每年全球都有无数的创业者投身于创业实践中，对创业的研究资料也是相当丰富。Reynolds 等（1994）从 GEM（全球创业观察）报告中得出，从 1986 到 1988 年这两年的时间内，新企业的创建率是 0.69%。Dennis（1997）粗略估计，在 1995 年新创企业有 350 万家，创造了大约 480 万个就业岗位。Zacharakis 等人的研究显示,新企业的创建率,在 1999 年达到 0.84%,并且创业人数呈现增长趋势,在 2003 年高达 11.9%。由美国小企业管理局提供的信息显示,从 1989 年到 2003 年,每年大约有 60 万家新企业创立,但每年只有大约 5 万家新企业存活下来。但这并没有影响美国创业者的创业热情,在 2004 年,美国就有大约 738 万家新企业创立,比 1998 年同比增长了 6.42%。这意味着美国的创业活动并未受到任何影响,其发展的态势十分旺盛,并以燎原之势席卷全球。

由于创业对经济增长和社会财富增加的积极作用,且政府大力鼓励创业活动的开展,以致全球的创业活动正如火如荼地进行。对于正处于发展阶段的中国而言,更应该重视创业的重要性。从特定区域自身发展出发,着眼于区域自身特点,以促进经济发展为目的,为各种创业实践创造有利的环境和条件,鼓励各种创业实践,有效发挥创业对国家经济增长的促进作用。

本文基于创业理论,通过建立一个概念框架,研究诱发新企业创建的各种因素,并分析不同因素在何种状况下起到诱发作用,以及新创企业是如何影响特定地区的经济发展的。因此,本文研究的目的在于:第一,从某一区域的自身发展特点出发,结合地区的人力资本、人口结构和地区的经济状况,分析新企业的创建是否受到之前的创业活动的影响及其影响程度;第二,分析新企业的创建对区域经济发展的影响作用。本文的概念框架是基于 Minnitti 和 Bygrave(1999)以及 Bygrave 和 Minnitti(2000)的模型启发而建立的。通过研究在创业活动中涉及的创业者个人所处的特定区域的发展状况和特定区域的创业水平,对创业者个人通过创业实践,最终成为企业家有着重要作用。该模型突出了知识和人力资源的重要作用,强调了其对特定地区经济的促进作用和对创业活动开展的推动作用。企业的创业文化对新企业的创建发挥着巨大作用，并推动着其快速运作发展（Minnitti & Bygrave, 2004）。

在我国，这种研究更加少见，尤其是从区域经济发展的角度来研究创业与区域经济发展的关系。在中央提出振兴东北老工业基地的号召下，东北地区的经济已经取得了巨大的发展，但是和中、东部地区相比，仍然相对落后，因此，基于东北地区来研究创业与区域经济发展的关系就显得十分必要，这也是本书选题的基本目标之一。

本书的研究内容及结论主要有：

第一，以新企业创建为主线贯穿全文，研究了新企业创建对人口统计学因素、经济因素、先前创业活动、经济发展和增长之间关系的中介效应。结果表明：在结构模型层面上，新企业创建中介人口统计学构成和经济发展之间的关系、中介人口统计学构成和经济增长之间的关系、中介经济因素和经济发展的关系、中介经济因素和经济增长的关系、中介区域先前的创业活动与经济发展之间的关系，但是新企业创建却没有中介区域先前的创业活动与经济增长之间的关系。而在指标层面上进行检验时，新企业创建没有中介人口统计学构成和经济发展之间的关系、没有中介人口统计学构成和经济增长之间的关系、没有中介经济因素和经济发展的关系、没有中介经济因素和经济增长的关系、也没有中介区域先前的创业活动与经济增长之间的关系，但是新企业创建仍然中介区域先前的创业活动与经济发展之间的关系。

第二，利用层级普通最小二乘法回归探究了影响新企业创建的因素。结果表明：某地区熟练工人的可获得性与新企业创建正相关。某地区的人口自然增长与新企业创建正相关。某地区的外来人口与其新企业创建正相关。先前的创业活动与新企业创建正相关，保持基础设施的投资水平对新企业创建具有促进作用。但是，一些假设，如文化多样性与新企业创建之间具有曲线关系、人均收入与新企业创建之间具有曲线关系、失业率与新企业创建之间具有曲线关系、贫困率与新企业创建之间具有曲线关系等均未得到支持。

第三，研究了新企业创建对经济发展与增长的作用。结果表明：新企业创建对区域经济发展和经济增长具有关键的作用。

第四，虽然本书的目的不是研究某些变量（如人口统计学因素）与经济发展和增长的关系，但是本研究却得出了额外的结论，即熟练劳工、人口自然增长和外来人口均对区域经济发展和增长具有显著的影响，而经济因素中的基础设施建设和人均收入也与经济发展和增长具有直接的关系。

本书的创新点可以归结为以下几点：

第一，首次构建了两个层面的模型来研究区域经济的发展与增长，并运用东北三省 30 个城市的数据进行了实证研究。以往关于区域经济发展与增长的模型主要侧重于单一模型构建，而本书从两个层面构建了促进区域经济发展和增长的模型，一个是结构模型（图 3-1），从大类指标的角度，依时间序列分析了变量之间的关系；另一个是子指标层面的模型（图 3-2），主要将大类指标分解，研究子变量对新企业创建对经济发展和增长的影响，具有较大的创新性。

第二，首次研究了新企业创建的中介效应。以前的研究均将新企业创建作为因变量，研究其他因素对新企业创建的影响，或者将新企业创建作为自变量，研究它对某些变量的影响。本书首次将新企业创建作为中介变量来研究它与经济发展和增长的关系，是对目前创业理论研究的扩展和补充，具有积极的创新性，并对新企业创建具有一定的指导意义。

第三,数据来源的多样性。实证研究要求数据来源必须统一,数据测量口径必须统一,否则实证研究的结果将毫无意义。以前的一些研究将统计年鉴的数据和其他来源的数据直接拿来使用,导致结果无说服力。本书的数据来源虽然很多,但是数据的测量口径一致,而且本书在数据测量的过程中将非正态分布的数据进行了转化,实现了实证数据的统一。利用多样性数据来研究同一问题,这是本书在方法上的创新。

本研究的主要贡献在于:

首先,本研究开发并检验了一个模型,该模型加强了 Minnitti 和 Bygrave 在宏观层面上提出的创业环境决定因素框架模型这种说法,并且认为这些决定因素构成了一个能够促进新企业创建的知识基础。该模型还扩展了 Minnitti 和 Bygrave 的框架模型,指出新企业创建对地区经济发展和增长具有促进作用。

其次,本研究将重点放在调查区域层面的创业现象,特别是中国东北三省的 30 个城市。

第三,由于本研究分析的是宏观层面上的环境条件,故其对管理理论和实践具有促进作用。第四,本研究的结论为早先关于实证和理论研究的创业文献提供了强有力的支持,特别是之前的"创业会促进更多的创业"这一论点在本研究中获得了实证支持。第五,本研究为多个经济发展理论提供实证支持。一方面,本研究的实证结果证实知识溢出效应能够改善地区生产力。因为创业活动创造的知识源于个体间的交流,本研究支持内生增长模型。另一方面,因为创业活动促进新企业的创建,本研究同样支持聚集理论。

经过四年多的博士阶段的学习和两年多博士后的研究,我的各篇论文及博士后出站报告终于写作完毕。回想既往,我心潮澎湃，感慨万千！在此成果即将问世之际，要感谢给予我知识营养和精神粮食的师长、朋友和亲人，是他们不断地帮助和鼓励我，使我克服了巨大困难，成就了我的今天。

我要感谢我的博士导师葛宝山教授和博士后导师沈颂东、林秀梅教授，同时感谢台湾东华大学褚志鹏教授，老师们渊博的学识、敏锐的思想都对我有着深深的影响，让我尽情地遨游于知识的海洋。老师们不仅以其学问令我仰止，更以其严谨的治学态度、高尚的道德情操和温文尔雅的性情影响着我，激励着我。在求学期间，我从老师那里收获颇多，心中唯有感激之情。

我要感谢吉林大学管理学院蔡莉教授和技术经济系的所有老师们，他们在我求学以及写作论文的过程中，给予了我热情、真诚的关注和大量宝贵、中肯的意见，没有他们的建议、启发、指导和批评，这篇论文无法顺利完成。尤其要感谢张少杰教授，感谢他在开题时对我论文纲目的指点。

我要感谢我的同事和朋友，他们在我忙于学业期间不辞辛劳地工作，兢兢业业，恪尽职守，解除了我的后顾之忧，让我安心求学。

我要感谢我的父母，感谢他们赋予我生命、养育我、教导我、鼓励我、支持我。

我要感谢我的妻子，感谢她在生活上对我的关心、照顾，在学业上对我的支持。有了这样坚强的后盾，我才有足够的时间来完成论文写作。

我要感谢博士师弟董保宝、罗志恒、刘成明、陈彪以及师妹王侃对我论文的关注和帮忙，感谢高越、马静、张兰等硕士师妹在统计年鉴搜集、数据整理和录入以及实证研究中给予的帮助。

我要感谢本书所有参考文献的中外作者，他们的研究结果给我以启发。本书在相关引用之处已经标注文献来源，在文末也列明了参考文献，若有其他未尽事宜，请联系本书作者。尤其要感谢 Erick Paulo 博士，他为我提供了详尽的研究资料和相关文献，使得本书的写作更为顺畅。

同时我还要感谢以下调研单位和个人的通力合作：感谢沈阳中小企业管理局的相关领导，感谢通化市中小企业局的梁慧女士，感谢长春市中小企业管理局和长春市统计局相关领导，感谢哈尔滨中小企业管理局的张卫华女士、窦凌威先生和邱宝丰先生。感谢他们为本研究提供数据支持！

由于作者研究水平有限，文中有一些不足之处也在所难免，期待各位读者不吝指正。

于东明

2014 年 10 月于荒漠

目　录

1 绪论 ………………………………………………… 1
　1.1 选题背景 ……………………………………… 1
　1.2 研究意义 ……………………………………… 5
　1.3 研究内容 ……………………………………… 6
　1.4 研究方法与研究思路 ………………………… 8

2 相关理论与文献回顾 …………………………… 11
　2.1 与本书相关的基本理论 ……………………… 12
　2.2 相关文献回顾 ………………………………… 26
　2.3 我国的研究 …………………………………… 50
　2.4 本章小结 ……………………………………… 53

3 研究模型与假设 ………………………………… 54
　3.1 创业与新企业创建 …………………………… 54
　3.2 经济发展与经济增长 ………………………… 56
　3.3 人口统计学因素与经济因素 ………………… 59
　3.4 先前的创业活动 ……………………………… 62
　3.5 创业与经济发展和经济增长 ………………… 63
　3.6 创业、经济发展与经济增长关系模型及假设 … 67
　3.7 本章小结 ……………………………………… 94

4 研究设计及变量测度 95
4.1 研究设计 95
4.2 测量工具开发 99
4.3 本章小结 110

5 实证研究 111
5.1 样本特征 111
5.2 研究方法与步骤 115
5.3 实证结果 125
5.4 本章小结 142

6 结果探讨 144
6.1 与人口统计学因素相关的结果讨论 146
6.2 与经济因素相关的结果讨论 150
6.3 与先前的创业活动相关的结果讨论 154
6.4 新企业创建对经济发展与经济增长影响的讨论 156
6.5 启示 157
6.6 本章小结 159

7 研究结论及研究展望 160
7.1 研究的基本结论 160
7.2 本书的创新点与主要贡献 162
7.3 研究不足 165
7.4 研究启示 167
7.5 研究展望 170

参考文献 175

1 绪 论

1.1 选题背景

1.1.1 理论背景

创业源于机会，机会是创业的起点，全球每年都有成千上万的创业者开始创业。许多国家有强大的企业部门，这些部门刺激和鼓励个人抓住机遇，改善他们的社会价值和整体经济状况（Zacharakis，Reynolds，& Bygrave，1999）。创业理论认为当个人追求创业时，这种行动激励个人创造出更多的企业，而这些企业在经营发展中，形成了企业文化（Minniti & Bygrave，1999，2000）。研究经济发展和增长的理论家，如 Schumpeter（1934）和 Romer（1986，1994）已经强调了创业精神的重要性，它作为一种知识的形式，对特定区域的繁荣有促进作用。此外，研究表明，创业活动往往会创造新的创业机会（Birch，1987；Fritsch & Mueller，2004；Van Stel & Storey，2004），减少失业（Evans & Leighton，1990），并促进一个地区的经济发展和增长（Carree et al.，2002；Van Stel et al.，2005）。因此，新企业的建立是促进特定区域经济发展和增长的重要因素。

关于发达国家创业的水平，研究集中于分析企业家的样本（Carter et al., 2003; Zacharakis et al., 1999），尤其关注区域或经济部门（Chrisman, 1985; Chrisman, Van Deusen, & Anyomi, 1992）、确定促进创业活动的条件（Bull & Winter, 1991; Reynolds, Miller & Maki, 1995; Reynolds, Storey & Westhead, 1994）或分析在大都市形成创业群时银行的利率（Acs & Armington, 2004; Armington & Acs, 2002 Lee, Florida & Acs, 2004）。由于种种原因，一些工作进展甚微，只建立了一个框架。虽然概念性框架在一定程度上能决定什么样的条件能够推动个人开创新企业（Bygrave & Minniti, 2000; Minniti, 2004; Minniti & Bygrave, 1999），但仍然很少有实证支持这些总结性的模型。因此，虽然一些文献理论上认为，新企业的形成能够促进一个特定区域的经济发展和增长，但是在实证研究上，由于这种调查十分困难，因而理论与实证研究之间仍然存在差距。

在我国，这种研究更加少见，尤其是从区域经济发展的角度来研究创业与区域经济发展的关系。在中央提出振兴东北老工业基地的号召下，东北地区的经济已经取得了巨大的发展，但是和中、东部地区相比，仍然相对落后，因此，基于东北地区来研究创业与区域经济发展的关系就显得十分必要，这也是本书选题的基本目标之一。

1.1.2 实践背景

在工业化国家，尤其是美国，目前拥有最高级别的创业活动（Minniti & Bygrave, 2004），创业为美国提供了许多就业机会，在一定程度上促进了经济的发展。通过使用来自全球创业观察

（GEM）的数据，Minnitti 和 Bygrave（2004）指出，在企业家所需要的条件和文化方面，美国超越了世界其他国家，促进了创业的茁壮成长。从历史上看，美国经历了不同的创业活动形式，这都与技术进步和先前的创业活动水平相关联。Blau（1987）分析了从 1948 年到 1982 年的个别企业家，并发现了一个马蹄形的趋势：从 1948 年到 1970 年企业家的水平呈现下降趋势，但从 1970 到 1982 年开始增长。在另一项研究中，Shane（1996）研究了 1899-1988 年间的创业行为，发现创业活动水平已经在过去 20 年间有所提高。Audrestch 和 Thurik（2001）认为，这些变化是由于工业化经济体中经济结果的变化导致的，失业促进了创业。他们认为，大公司习惯主导经济发展，并在 20 世纪的前 60 年中提供大部分的就业机会。这种趋势在过去 30 年中有所变化，由于技术进步和企业重组，个人开始失业，这就使得他们不断地追求创业活动。

一些研究已经提出了一系列有关全球创业的统计资料。Reynolds 等（1994）依据 GEM 研究报告认为，从 1986 到 1988 年每 100 个公司中就有 6.9 个个人创业的新公司诞生。Dennis（1997）估计，在 1995 年有 350 万新创业的公司，涉及约 480 万人。Zacharakis 等人指出，在 1999 年，在每 100 个成年人中，大约有 8.4 个人有意图创立新公司。这一数据到 2003 年上升至 11.9（Minnitti & Bygrave，2004）。根据美国小企业管理局的信息，1989 年至 2003 年，每年有近 60 万新公司成立；但是，每年大约有 55 万家关闭。而 2004 年，美国有 738 万家企业开始创建运作。这些数字说明了美国的创业精神是十分的积极和活跃。由此可见一斑，全球的创业活动正在如火如荼地开展。

由于创业的巨大作用，全球出现了创业潮。因此，在现阶段的我国，应该不遗余力地促进创业的发展，并根据区域经济发展的特点，结合本区域的实际，推动创业活动的展开，促进区域经济的发展。而基于区域特点的新企业的创建，对区域的发展具有至关重要的影响。

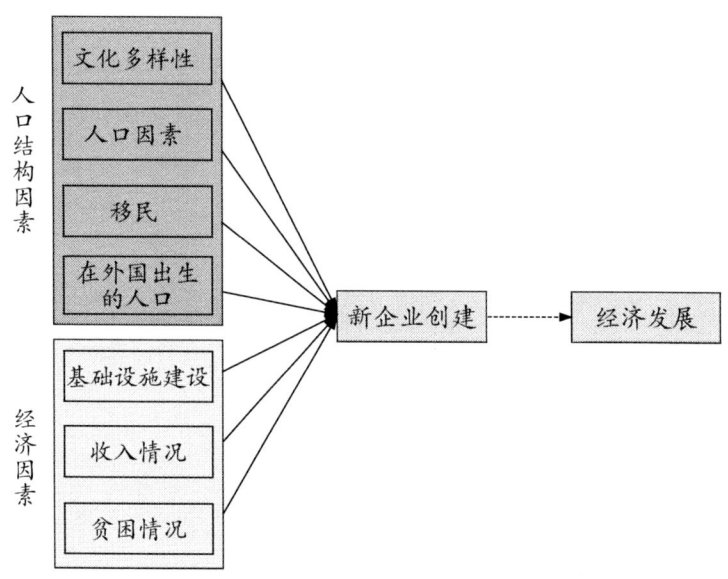

图 1.1　Minnitti 和 Bygrave 关于创业的微观解释

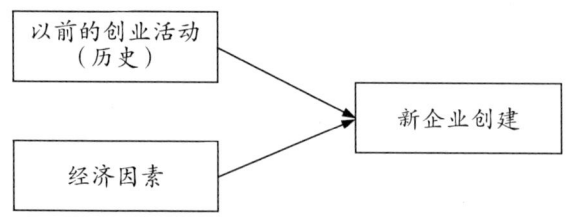

图 1.2　Minnitti 和 Bygrave 关于创业的宏观解释

因此，本书的研究目的有两个方面。首先，建立一个概念模型，分析各种条件，看它们在什么情况下能够促进新企业的建立以及新企业如何促进一个地区的经济发展和增长：（a）基于特定区域的现有条件，衡量人口组成、经济因素、先前的创业活动对新企业创建的影响以及（b）新企业创建对经济发展和增长的作用。而本书所用的概念模型来自于 Minnitti 和 Bygrave（1999，2000）发展而来的理论框架，见图 1.1 和图 1.2 所示。他们认为，评估个人主观意图、周边社区的社会经济条件和目前的创业活动水平后，对个人做出创业决定并成为企业家有着重要的借鉴。该模型在宏观层面上分析了这一框架，强调知识的溢出效应和对人力资源的投资，为地区的繁荣创造了机会。强大的创业文化推动着新企业的发展（Minnitti & Bygrave, 2004）。本研究基于东北老工业基地的实际，分析了什么样的具体条件能够促进新企业的建立和这些创业活动如何促进经济的发展和增长。

1.2 研究意义

进入 21 世纪，世界大环境发生了前所未有的变化。一方面，全球化不断加剧，国界模糊，各国的经济发展呈现趋同；另一方面，为了加强本国的世界影响力，各国均在大力发展经济，通过区域之间的学习效应来实现国家总体经济的腾飞。本书的目的是基于区特定域，研究创业、经济发展和增长的关系。因此，本书的研究意义十分明显。

首先，这一研究第一次提供了一个实证检验。它实证检验了 Minnitti 和 Bygrave（1999，2000）提出的宏观框架。这个框架为一个特定区域中新企业能够成立所需要的条件提供了理论基础。

此外，这项研究通过联系经济发展和增长而扩展了其内涵。这表明，框架的发展不仅确定是什么原因导致新企业的建立，而且明确了这些新企业对于地区发展带来的影响。

其次，这项研究完善了以前关于区域经济增长或经济发展的研究。这项研究将同时考虑理论和实证框架的结构。虽然可以预计，新公司的成立将对两者都产生积极影响，但是实证结果将会表明新公司的形成对于这些结构的影响是相似还是不同。此外，结果的含义也会是不同的。

第三，通过使用东北三省的数据，这一研究完善了以前的研究——主要使用大都市区域或劳动力市场领域（Acs & Armington, 2004；Armington & Acs, 2002；Lee et al., 2004）或乡村的样本作为分析单位（Chrisman et al., 1992）。乡村对于研究似乎是合理的，因为现存的公共政策和规划都在促进乡村创业，恰巧这些公共政策和规划是处于区域分析层次上的。

第四，这项研究有助于提高关于中国创业活动的现有知识。研究人员已经确定，国家为个人从事创业活动提供机会（Minnitti & Bygrave, 2004；Zacharakis et al., 1999）。因此，本研究确立了新企业成立如何能够提高一个特定区域经济状况的理论。

1.3 研究内容

本论文的研究内容主要有以下几方面：
（1）人口因素是否促进一个地区新企业的建立。
（2）经济因素是否促进一个地区新企业的建立。

（3）一个地区的创业活动水平（以前的创业活动情况）是否能够影响新企业的建立。

（4）新企业的建立是如何促进一个地区的经济发展和增长的？

前三个问题是由 Minnitti 和 Bygrave（1999，2000）制定的理论框架所延伸出来的，这些研究表明，社会和经济因素以及现有的创业活动水平试图促进新企业的发展。Minnitti 和 Bygrave（1999，2000）的研究表明，创业是一种功能，它表现于个人如何评估能够有利于建立新企业的周围环境。这三个问题，对于解释导致某一个特定区域新企业创建的具体条件是至关重要的。

第四个问题主要集中在经济发展和经济增长的相关研究上。这个问题显示了创业的结果，因为它可以直接影响一个地区的整体经济状况。尤其是，建立新企业意味着创造新的就业机会（Birch，1979）和生产率的提高（Low & MacMillan，1988）。此外，新企业往往在一个地区采用创新技术，不仅彻底改变了行业，而且还改善区域经济发展使其有所增长。这四个问题的研究可以建立一个框架，创业活动调节了某一特定区域存在的现有条件（如人口等因素）和经济发展与增长水平之间的关系。

但是也应注意到，这些研究问题不能解释当其中的不同因素相互影响时出现的复杂关系。例如，一个地区现有的经济发展水平或增长模式可以直接影响创业活动、人口和经济因素。此外，创业活动可以改变一个地区的人口和经济因素。另外，人口和经济因素可以直接相关。这些都要在研究中予以说明。

本书结构安排如图 1.3 所示。

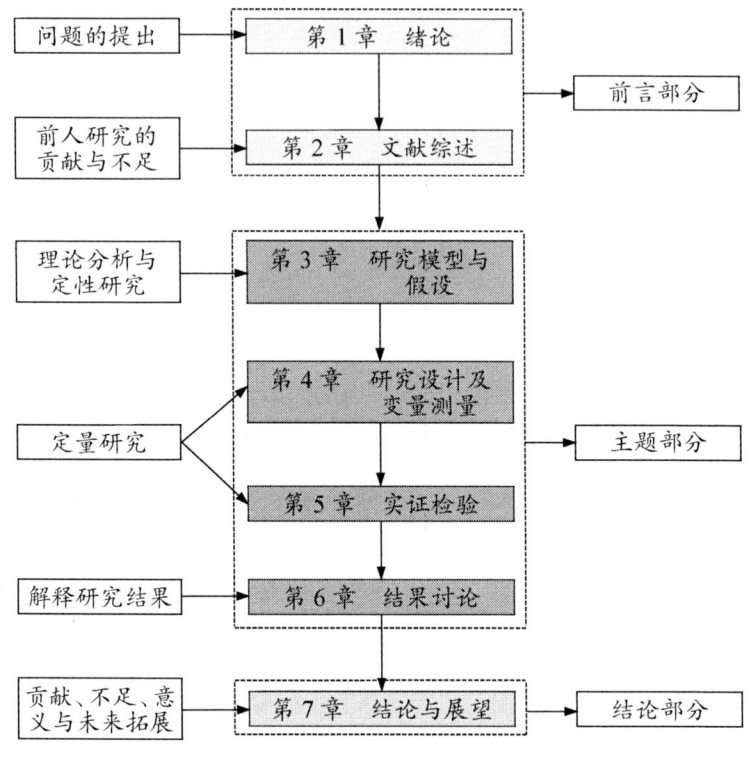

图 1.3 本书的基本结构

1.4 研究方法与研究思路

1.4.1 研究方法

本研究提出的是"创业——区域经济发展与增长"理论命题,主要应用建立在已有创业理论基础上的逻辑推演方法,在分析过程中辅之详尽的理论解释以佐证理论分析的可信性。因此，本研究采用的主要研究方法包括统计年鉴数据研究、统计分析（包括描述性分析、探索性因子分析、验证性因子分析、相关分析、回归分析等）等。采用的分析工具主要是 SPSS 15.0 统计分析软件和 Amos6.0 结构方程软件。具体研究方法与章节的对应见图 1.4 所示。

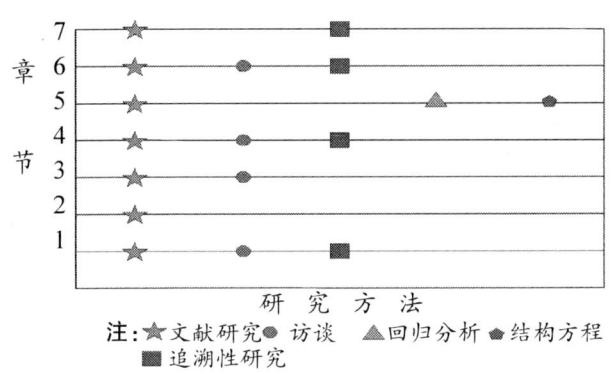

图 1.4　本书所用的研究方法

1.4.2　研究思路

本书根据 Minnitti 和 Bygrave（1999，2000）提出的宏观框架，结合沈阳市相关专家的调查，确定人口统计学因素、经济因素、先前创业活动、新企业创建及区域经济发展和增长之间关系的机理模型并提出假设；接着结合统计年鉴数据以及网络数据对理论模型进行量化；而后对统计年鉴的数据进行整理和实证分析；最后对假设验证结果进行讨论，得出研究结论。本研究遵循提出问题——分析问题——解决问题这一研究逻辑思路，针对本书的研究问题，完成"从理论到实践"，再"从实践到理论"的思维过程。研究的技术路线如图 1.5 所示。

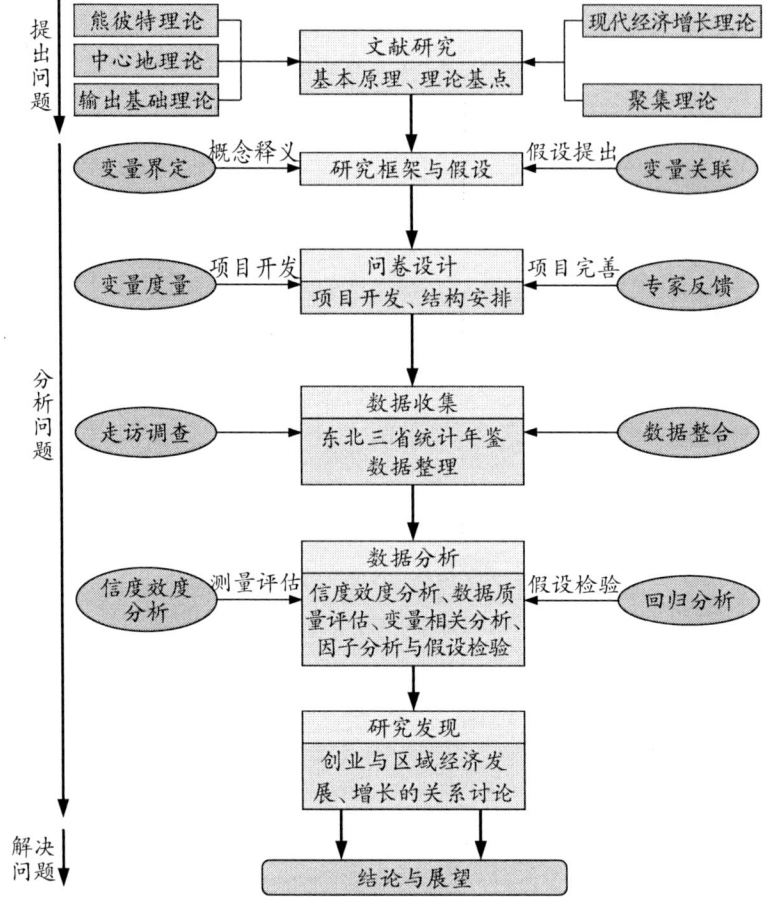

图 1.5 本书研究的技术路线

2 相关理论与文献回顾

　　本章的目的是进行文献综述，它们是提出概念模型的理论基础，而这些概念模型也将在本书中得到检验。该模型是基于两个层面来分析的。第一层次的分析涉及一个结构模型，是关于新企业建立调节一个地区现有条件和经济发展与增长之间关系的模型，即新企业创建的调节作用。这些条件包括人口组成、经济因素，以及先前创业活动。因此，新企业的建立可以被看作是促进一个地区经济发展和增长的发动机。这些都是建立在 Minnitti 和 Bygrave（1999，2000）的理论研究之上的。

　　第二层次的分析产生于同样的理论背景，但是它认为，那些来自于外部条件的个别指标（如先前的创业活动），对新企业的建立以及这些新企业的建立如何影响经济发展与增长有直接的影响。在这个问题上，该层次试图解释独立的环境条件如何影响新企业的建立，以及新企业的建立如何促进一个地区经济发展与增长的变化。这项分析还认为，不能反映在结构模型中的非线性关系是存在的，即变量之间可能存在非线性关系。

　　本章分为三部分。首先，提出了与本书相关的基本理论；其次，对在一个地区创建新企业的条件要素进行了分析；最后，提出了我国的研究现状与不足。这些都为下一章的理论模型构建奠定了基础。

2.1 与本书相关的基本理论

无论何种理论都离不开前人研究的成果积累，特别是作为理论尚未成熟的产业与区域经济发展研究而言，更需要借助于相关研究成果。正是由于大批不同学科背景的优秀学者参与，才有了今天创业与区域经济发展研究的繁荣局面。可以预期的是，认真汲取相关学科的研究成果仍将是创业研究的重要研究思路之一，也只有这样，相关创业研究理论体系才有希望最终建立与发展。

2.1.1 经济发展和增长的理论

已有文献中关于经济发展和增长的理论可谓百家争鸣。Malizia 和 Fesser（1999）以及 Todaro（2000）评述了十几个适用于区域和国家层面的经济发展理论。他们的观点在于每一种理论对于经济发展的创造者和研究者都有特殊的启示。表 2.1 总结了这些理论在概念以及对于创业的启示方面的特点。从综述上可以看出，一些理论解释了创业在经济发展和增长过程中的重要性，而另一些理论则没有。后者的经济模型或者把创业看作一个不需解释的因素，或者看作一个不用作过多阐释的隐含变量。下文指出了每种理论的主要观点，进而讨论每种理论在哪些方面和概念模型的开发有关。

表2.1 经济发展和增长理论

理论	概 念	对于创业的启示	主要作者
熊彼特的经济发展理论	经济发展是指打破市场均衡的新组合的引入。	创新活动是促进新企业创生替代老企业的新组合的主要驱动力。	Schumpeter（1934）
中心地理论	城市为适应服务和商品的需求而呈现层级分布。层级高的地点趋向于比层级低的地点涵盖更专业化的产业。层级高的地点是战略决策的中心。	因为层级高的地点比层级低的地点更能提供开创新企业的更好的前景，因此不同层级的地点在创业活动方面是有差异的。	Christaller（1935）
出口基础论	产品的外部需求是经济发展的一个决定因素。经济分为基本部门和非基本部门。城市可以被看作是产生知识溢出的增长引擎。	产业间和产业内的知识溢出的出现创造创业机会。城市倾向于聚集不同背景的个体以导致新企业创建。	Hoyt 和 Weimer（1939）；Jacobs（1969）
新古典增长理论	增长可以用资本对劳动力的比率来解释。增长是以下因素作用的结果：①人口增长和教育导致的劳动力数量和质量的增长；②储蓄和投资导致的资本增长；③技术改进。	模型假设完全竞争，创业利润以及（或者）创业者的作用是未被解释的。	Solow（1956）
群聚和外部经济理论			Marshall（1890）
内生增长理论	知识溢出和人力资本积累对于解释生产力回报率增加是重要的。	创业作为知识的一种类型可以在产业间和产业内转移，以产生新企业创建的机会。	Romer（1986）Lucas（1988）

续表

理论	概念	对于创业的启示	主要作者
集群理论	集群包括在一个给定区域内竞争的多样的产业内的公司和实体。竞争优势来自生产、需求条件、支持和相关产业以及公司情境等因素。	集群内知识转移对于产生模仿和创新是重要的。专注于创业者在集群中作为技术领先的促进者的作用。	Porter（1990）
经济地理学	一个区域可以分为工业核和农业外围。核心产业为在同一产业内竞争的公司提供更多增长的外部条件。地点对于创新活动的发展是重要的。	该理论可以用于解释核心产业内兴起的创业机会，但是不能解释创业活动如何在核心产业之外存在。	Krugman（1991）

2.1.2 熊彼特的经济发展理论

熊彼特（1934）在其提出的理论中认为创业者是市场变革的主要贡献者。熊彼特从描述没有经济发展发生的循环流动开始。循环流动包括完全均衡的市场条件下生产商和消费者之间的商品交换。随着经济的完全竞争，卖家挣不到经济利润，循环流中就没有经济发展发生了。然而，由于人口增长，经济增长仍然能够发生。

随着新的要素组合被引入经济，经济发展过程以循环流动的打破开始。熊彼特（1934）把新的要素组合解释为：某种新产品的引进、某种新的生产方法的引进、新市场的开拓、新的半成品原材料供应来源的获取以及某一产业的新组织的建立。熊彼特把创业者看作那些将新组合引入市场并发起创新的个体。这些新组合替代了原有组合，但是包括从已存组合中遗留下来的要素。新组合在震群中出现，由新公司代表，这些新公司并非产生于老公司，而是在老公司旁边开始生产起来的（熊彼特，1934）。这暗示了新企业开始和那些逐渐走向成熟和消亡的老企业展开竞争。这个过程被称为创新性破坏，即老公司被创新的创业者的震群所替代。

为建立新组合，熊彼特认为创业者不需要占有生产方法。他们可以通过信用获取购买力来获得生产方法。资本家和银行家可以作为购买力的提供者。这个过程按照下面的程序进行：首先，信用提供购买力以促进新组合建立；其次，资本家提供信用使得创业者能够获得市场；最后，信用转换成资本，创业者控制获取生产和营销新组合所需的方法。因为新组合的买卖产生生产成本之外的盈余，结果导致创业利润促进经济发展。

从新组合获取的资金流入也可作为创业者积累再生产循环的资金来源。财富的积累回报了资本家的信贷，利息可以被看作"未来购买力所偿付的溢价"（熊彼特，1934）。进一步地说，利息是从创业利润中征收的赋税，因为资本家在借钱生产新组合时是风险的承担者。熊彼特把他的理论总结为商业循环的描述。随着循环流动的均衡状态被新企业的进入打破，企业所在区域会因以下原因而进入繁荣和扩张：①创业利润发展经济；②由于信用的出现，区域内购买力增强。经济会经历压缩，因为信用要求回报，也限制创业者的利润。新组合因此得到确立并被包含进市场均衡的新的循环流动里。换句话说，由于新组合的出现，社会得以演变，经济得以发展。发展的过程将以新组合的重新引入开始。创业者支付给信用的流出循环圈的资本将作为新一轮的创业资本用以打破循环流动的平衡。

总而言之，熊彼特确立了经济发展的过程就是产品对于循环流动的不连续性。当新组合破坏循环流动时社会得以进步和演化。创新活动导致成熟企业的衰败和消亡。结果是，一个区域内的生产能力得以被创业者的创新活动改变和提高。

2.1.3 中心地理论

Christaller（1935）建立了中心地理论，认为在空间上相关的城市和乡镇等中心地带呈现迥异的层级结构。中心地理论关注服务于市场周边的消费群体在空间上的活动安排(Noyelle & Stanback，1984)。Christaller（1935）假设中心地的层级系统是同质的，空间结构纯粹由导致空间差异化的经济因素决定（Von Boventer，1969）。Noyellet 和 Stanback（1984）认为"需要小市场的活动会分布在大量的小型中心地，需要大型市场的活动将分布在少数的间距遥远的大型中心地"。

这暗示了高级别和低级别的中心地在经济发展方面存在不同。Palm（1981）指出该理论解释了为什么小城市只有诸如加油站和小酒馆这样的有限的服务，而大都市拥有更为专业化的服务。因此，高级别的中心地比低级别的中心地享有更广阔的中心职能和商品幅度，当然，功能上的增量和人口差异是不成比例的（Chrisman，1985）。

Losch（1940）开发了一个富有竞争力的模型，沿袭了他一贯的朴素风格。他构建了一个城市体系，从级别低的中心城市到中心大都市。通过对高级别中心地的研究，他发现把经济分为贫穷的部门和富足的部门之后，除了大都市，其他地方的任一部门都不能提供所有的商品和服务。Palm（1981）解释了 Losch 的模型，认为该模型可以用于解释一个区域内制造业活动的效应，而

Christaller 的模型更适用于零售业和服务业。中心地理论对于创业的启示在于中心地的层级结构的存在使得不同水平的创业活动得以发生。城市可以根据规模和所提供的商品的类型来排序。这些意味着一些城市将比其他城市提供更好的新企业发展的机会。进一步说，高级别的中心地扮演着指令和控制的决策中心，重要的战略决策在那里产生（Malizia & Feser，1999）；这些可以为创业活动制造更多的机会。

2.1.4 出口基础论

Hoyt 和 Weimer（1939）开发了一个基于出口的模型来估计当地经济的前景。Hoyt（1954）确立了区域发展决定于出口产品换取当地无法生产的进口商品。经济活动分成为出口市场生产的基本部门和为当地市场生产的非基本部门。两部门相互联系，因为基本部门及其员工要从非基本部门购买商品和服务。内部的需求和供给可以被认为是次级重要的，因为经济发展的最重要的因素在于出口商品和服务到区域以外的能力（Hoyt，1969）。

作为一种延伸，Jacobs（1961，1969，1984）发展了她的关于城市的模型，她认为城市（而非区域或者国家）是经济发展和增长的引擎。城市吸引多样的想要实现多种生产职能的个体。结果是，城市成为发展企业和产业的磁场，不仅对于出口商，也包括那些生产商品和服务的本地供应商。在她的模型中，经济增长产生于当地的生产商不止供应本座城市的出口产品，而其他当地生产商也开始生产可以替代进口的产品（Jacobs，1969）。另外，Jacobs（1969）开始强调产业间知识转移的重要性。当这样的外部性发生的时候，城市成长的更多。在她看来，一个城市多样的产业而非特定产业的专业化，能够催生更多的增长以及当地企业间的竞争。

换句话说，她强调可发生知识转移的多样化产业的重要性。实证研究支持了她的理论观点（Glaeser, Kallal, Scheinkman, & Shleifer, 1992）。对于创业的启示在于产业间和产业内知识转移的存在孕育了新企业的发展。另外，作为人们思想流通和交流的必要媒体，城市提升了创新，进而增加了生产力。创业者对产生于知识溢出的盈利机会很警觉（Kirzner, 1973）。

2.1.5 新古典增长模型

Harrod（1939）强调区域内储蓄和投资一部分产出的需求产生增长。然而，他的模型并不平衡，因为没有考虑到技术变迁而且假设恒定的生产回报率（Solow, 1956; Todaro, 2000）。Stern（1991）认为这些缺点意味着经济增长率在长期内单由人口增长决定。

Solow（1956）拓展了 Harrod 的模型，追加了劳动力和技术到增长方程中，允许劳动力替代生产资本。Solow 认为储蓄率和人口增长是决定人均收入稳定水平的外生变量。进一步说，他预测区域或者由于较高的储蓄率而富裕，或者由于较高的人口增长率而贫穷。Solow 的概念化模型认为劳动回报率和资本回报率分别递减，而两者联合起来的回报率却是恒定的。相反，技术进步，一个解释长期增长的剩余变量被假设是外生的。该理论指出，产出的增长是以下一个或多个因素作用的结果：劳动力的数量和质量通过人口增长和教育得到的提高，资本通过储蓄和投资实现的增加以及技术改进。在一项使用美国数据的实证研究中（Solow, 1957），人均小时生产力从 1909 到 1949 年翻了一番，而 87.5% 的增长归因于技术进步，其余的增长来自资本使用量的增加。然而，Todaro（2000）指出了 Solow 工作的三个缺陷。首先，由于假定技术进步是外生的,就不可能分析技术进步的决定因素,因为它独立于经济参与者的决策。第二,该理论没有解释具有相似技术的国家间在残差上的巨大差异。第三,该理论没能提供对于世界经济历史性增长的周期的解释。这被称作 Solow 残差,因为该理论遗留了工业化国家的 50%的历史性增长未作解释。Baumol(1968)认为新古典理论没有解释创业者的作用。尽管该理论在经济理论中影响力非常大,但其模型假设却是基于完全市场竞争和均衡状态的,这就导致创业利润和创新动因无法存在。但该理论对内生增长理论却具有重要的影响。

2.1.6 群聚理论

群聚理论流派的研究起点是 Marshall(1890)关于特定区域经济外部性的概念的研究。经济外部性是指区域内特定的经济参与者影响其他参与者的行为。举个例子,新的制造业工厂的建立会为一个区域带来外部性,因为它创造了新的就业岗位,产生了对供应商的需求,而且区域内总的生产量也提高了。群聚理论强调区域经济从外部性带来的有利条件中获利,因为外部性产生了劳动力的技能和可获得性、市场准入、共享的技术知识、供应商可获得性等等(Marshall,1890)。Krugman(1991)指出了影响经济外部性和经济群聚效应的三个原因:

首先,在某个单一地区的几个公司的集中为具有特定产业技能的工人提供了市场,降低了失业率的可能和劳动力缺失的可能。第二,当地的产业可能支持无法贸易的特定输入。第三,信息溢出可以为集群公司提供更好的生产能力,相比于对单个生产商而言。

进一步说,根据 Arthur(1990)的研究,群聚经济学仅当"公司和区域内其他公司共存的净利益随地区内公司数目增多而增加"时存在。Marshall 的工作对于诸如内生增长论（Lucas，1988；Romer，1986）、集群理论（Porter，1990）、经济地理学（Krugman，1991）等理论影响甚大。

2.1.7 内生增长理论

Romer（1986）和 Lucas（1988）阐述了新古典增长模型的缺陷，考虑了技术和人力资本上的投资在解释规模收益递增和区域内长期增长模式多样化上的作用（Todaro，2000）。理论强调了"经济增长是经济系统的内生结果，不是外部力量的结果"（Romer，1994）。这意味着技术和人力资本是区域内产生经济增长的内生要素。内生增长理论从三个方面不同于新古典模型：①它摒弃了资本投资回报递减的假设；②它允许群聚生产的规模收益递增；③它关注一个公司对其他公司的经济外部性（Todaro，2000）。Romer（1986）把他的模型看作"内生技术变迁的均衡模型，长期增长主要由外向型的利润最大化的经济参与者的知识积累驱动。

Romer（1986）把知识看作是资本的一个基本形式，他与 Solow 的观点的不同之处在于结合外部性、生产回报递增、新知识的生产回报递减而提出了一个均衡模型。关于知识的假设基于 Arrow（1962）的观点，认为知识在投资和生产发生之时得以获取。公司在知识上的投资会创造自然的外部性，因为它会溢出到区域中产业内或产业间的其他经济体。由于知识的投资，Romer 假设货物的生产是产生递增回报的知识库的功能。然而，知识的生产假设递减的回报以平衡模型，因为消费和效用不能更快的增长。相反地，Romer 认为新知识溢出可以跨过区域，因为知识难于用注册商标来保持其保密性。这可以创造新企业诞生（经济参与者）来模仿或者创新所产生的知识。结果是，Romer 的模型意味着区域的经济增长是对于知识的投资产生外部性的结果。这些外部性随着其他经济参与者使用它们生产新产品和服务而被引入区域。

Lucas（1988）基于 Uzawa（1965）的研究成果说明了经济外部性存在于人力资本。他认为人力资本的外部效应与工人在其他工人的生产力上的影响相关。工人之间的这些交互关系产生了知识溢出，进而被大规模复制，导致社区内或者区域间发生同样的交互作用。在这方面，Lucas（1988）沿袭了 Jacobs（1969）关于城市在为参与交互作用以及产生增长的人们提供机会方面的研究。在之后的研究中，Romer（1994）进一步解释了内生增长理论倾向于处理技术领先源自人们的行动这样的事实。这和 Arrow（1962）的观察一脉相承，认为私有部门而非公共部门对技术领先贡献更大。另外，还有一个事实是关于开发市场机会的垄断租金的。新知识创生的内部化意味着新的生产能力可以在开放的市场中被使用以使创新的公司或者创业者获利。垄断租金在其他创业者开始模仿和复制创新活动时就降低了（Grossman & Helpman，1994）。Romer（1994）指出由于内生增长理论包含了两个事实（技术领先和垄断租金），就和熊彼特（1934）的研究很相似了。因此，区域发展开始于创新过程，而创新会溢出到市场上使得模仿者得以进入，模仿者也促进了有利于社会的更多的创新的引入（Grossman & Helpman，1994）。

关于创业，内生增长理论和 Jacob（1969）的知识溢出观点有相似性。Audretsch（1995）把创业学和知识溢出理论明确地联系起来："企业内生地寻求和应用知识以产生创新输出。经济代理人占有的知识是外生的，从知识中获取报酬的努力以及从生产实体中产生的知识溢出内生地创造了新公司。"亦即，已建公司或者其他实体（比如大学）生产了知识库（Audretsch & Lehman，2005），而对那些处于创业初期的初始创业者有所裨益（Audretsch & Lehman，2006）。据此，这个过程在特定的地理区域发生。结果是，一些区域比其他区域更能从知识溢出中获利而促进了新企业的发展。

2.1.8　集群和竞争优势

波特（1990）认为国家通过集中发展制造业和服务业的创业集群而发展它们的经济。国际竞争优势来自生产、需求条件、支持、相关产业以及公司情境等因素。它们是集群形成的重要因素。集群是"在特定区域的相互联系的公司以及机构在地理上近似的组合，共享一些共性和互补性"（波特，2000）。

波特（1990）认为在地理上集中的集群内的知识溢出可以通过创新和加剧竞争而刺激增长。一方面，老企业需要在技术上领先，以和持续创新的公司竞争。另一方面，集群中的其他公司也需要在集群内创新以维持竞争力。因此，当这些公司逼迫集群内其余的公司通过创新保持竞争力时经济发展就实现了。Glaeser等（1992）从Romer的知识内部化的观点解释了这些效应在当地竞争上的影响与波特的集群模型所述的竞争通过模仿和改进而加剧的观点有所不同。

波特（2000）解释了集群包括能为新企业形成提供机会的广泛而多样的相互联系的产业和其他机构。波特（1990）在他的理论中明确了创业者的作用，认为国际发展取决于创新的创业者所创立的富有竞争力的公司。集群中新企业的诞生当知识从技术领先中溢出时成为可能，而当地的竞争为创业者开启了新的机会。亦即，集群为促进新企业形成创造了创业环境。

2.1.9 经济地理学

Krugman（1991）使用中心地理论作为理论基础之一开发了经济地理模型。指出生产在空间上的因素，强调了一个区域经济发展中当地产业的作用。他开发了一个简单的模型，把一个区域分为工业核和农业外围。Krugman假设农业生产有恒定的规模收益和不可移动的土地的有限使用。进而，他假设制造业公司倾向于在对规模经济递增和交通成本最小的需求较大的地方安家。当核心产业的知识溢出增加总体产出时，经济发展得以实现，当地的制造商就会吸引其他公司来生产多种的商品以增加总体就业。结果是，制造商想要在其他制造商已经办厂的地方安家（Krugman，1998）。Fujita和Krugman（2004）认为该模型解释了为什么一些区域比其他区域更发达。产业的集中和能够在公司间转移知识的熟练劳动力的获取，从长期看为经济发展和扩张提供了更多的机会。

对于创业的启示在于制造业在区域上的影响是在核心产业上促生新企业形成。与Jacobs（1969）知识跨行业溢出的观点相反，Fujita和Krugman（2004）强调了核心产业为在同一产业竞争的公司内产生更多的增长提供了外部性。然而，该理论未能解释创业活动如何在核心产业之外得以开发。正如Jacobs（1969）和Romer（1986）所述那样，一个区域内的所有经济活动的群聚提供了开发创业活动的广泛的机会。

以上综述的各个理论，除了新古典增长模型，均隐含了一个假设，即创业活动在考虑经济的发展和增长过程中是一个重要因素。这些创业活动可以被看作是区域内经济外部性的原因。经济外部性的一种解释就是区域内存在溢出的知识转移。Schumpeter（1934）认为新组合改变经济系统，因为他们提供创新，其他个体可以利用这些创新在新的产业发起新的企业。随着这些新组合进入市场，老企业和产业的地位被新企业和产业替代，因为新知识更有效率和效果。Jacobs（1969）认为知识转移在产业中和产业间发生以产生地理区域内的增长，尤其是在城市中。这意味着新知识可以来自经济参与者之间的交互作用。沿袭 Marshall（1890）的工作，另一些研究者指出知识的创造和开发促进已存生产能力的改进，而这些改进将导致区域发展（Krugman, 1991；Porter, 1990；Romer, 1986）。进一步说，群聚理论暗示了知识通过积累成为经济参与者可获得的要素，尤其是创业者。可以看出，这些研究者一致认为区域是通过知识的转移和积累增加了生产力和经济增长而发展起来的。

明确这些理论的两个共同方面是重要的，因为它们可以用来开发模型。尤其是，内生增长模型的假设和贡献对于模型的发展是重要的。首先，区域内知识转移和溢出的概念，即群聚理论和出口基础论的共同方面，是模型最重要的基础。区域内知识基础的存在代表了新企业建立的起点，这对产生经济增长和发展是至关重要的。没有知识基础，产生增长和发展的可能性就受到限制。这可以从人口统计学和经济条件以及区域内存在的基础设施水平反映出来。在这样的情况下，引进知识的需求，或者从个体或者从公司，对区域将变得非常关键。进一步说，知识基础存留在那些有创造力并愿意做出努力开发机会，提升创新，或者向他人学习的个体中。从这样的观点来看，Kirzner（1973）认为最高水平的知识是创业知识，因为创业知识可以为识别机会服务，进而开发市场。结果是,知识基础的存在和知识转移的发生增加了新企业创建的可能性,从而有利于经济发展和增长。

中心地理论(Christaller,1935)和经济地理学(Krugman,1991)认为区域间存在差异。一些区域有很好的资源禀赋和知识基础,能够通过新企业创建促进新知识再传播。而另一些区域,相反地,可能没有占有这些条件来支持新企业进入。区域间的这些差异意味着新企业形成的差异和经济发展以及增长水平的差异。进一步地说,创业活动的发展在衰退的区域产生的影响比在繁荣的区域产生的影响更大。举个例子,衰退的区域的特征是严重的贫困问题和较高的失业率。新企业的形成可以缓解这些问题,因为创业机会产生了新的就业岗位。然而问题在于新企业倾向于在其他企业已经落户的地区安家(Krugman,1991;Marshall,1890)。

群聚效应是已存的条件的产物,诸如基础设施、支持性服务、市场需求,使得公司能够在更宽松的环境里竞争(Porter,1990)。同样,在这些有利的条件下,工人将移民到这些区域,因为他们将获得高工资的机会(Lucas,1988;Krugman,1991)。结果是,区域在为新创企业提供机会方面是异质的。这种异质性也意味着区域在经济增长和发展上随时间会有不同的水平。

总之,本书所综述的经济发展理论代表着经济发展和增长的决定因素的不同解释。进一步说,这些理论提供了关于创业者和创业对于区域内经济发展和增长的作用的直接的和非直接的启示。知识和地理的视角,是未来开发的模型所要考虑的重要方面。

2.2 相关文献回顾

2.2.1 创业相关研究

在当代西方国家，创业研究是经济学领域和管理学领域的研究焦点，已经处于两大学科的交点，是一种综合性的交叉学科。虽然西方的创业理论有了很大的发展和进步，但还有待完善，不过相对于全球其他发展中国家，其创业研究理论体系还是比较完善的，而且自20世纪80年代以来得到了迅速的发展，并取得了巨大的成就，其体系正在不断走向成熟与完善，对实践的指导意义也逐渐明显。

早在18世纪50年代，法国经济学家Richard Cafltlon将创业者（一译企业家）一词作为术语引入经济学，并说明创业者的基本特征是"不断创新和勇于承担风险"，从此，创业研究便逐渐显现出其诱人之处，不断地吸引诸多学者对其进行关注，也出现了大量的研究成果。不过遗憾的是，虽然对创业现象的分析始于18世纪中期，但创业研究并未迅速发展。在当时，只是Joseph Schumpeter和Arthur Cole等学者从企业发展历程视角来探讨创业活动，以此进行创业研究，但这种的研究在20世纪50年代中期前并没有获得人们的重视。究其原因主要是，战后以美国为代表的资本主义国家发展迅速，其经济出现了暂时的全盛，其经济发展程度和速度引领全球的发展，特别是垄断型大企业实现了全速的发展和繁荣。在这样一种背景下，学者们都将注意力集中到了大型公司，尤其是垄断型大企业的发展及其特点。学者们认为，大型垄断企业对经济的影响远远超越新型创业型企业的作用。因此，他们认为，研究新创企业不如研究大型成熟企业，而且一些学者甚至认为，小企业创业的时代已经结束，大型成熟企业的发展将引领时代潮流和国家经济发展。但是，从 1960 年代到 1970 年代，仍有一些学者对创业领域进行了研究，对当时存在的"创业已经过时，它的时代已经完结"这一普遍观念提出了挑战，从而在一定程度上促进了创业研究的发展和延续。总之，早期的创业研究着重于从创业现象展开论证，用现象来表征本质，采用演绎的方法进行研究，从而为当今的研究者们提供了方法论基础。

进入 1970 年后，由于创业对经济的发展起到了逐步推动的作用，创业现象层出不穷，创业又逐渐受到了学者们的关注。在 1970 年，美国第一次创业学术会议在 Purdue University 召开，共有包括 Roberts、Cooper、Vesper 等在内的 42 位学者在会上发表了关于创业研究的观点，进一步推动了创业研究的发展。1973 年，第一届创业研究国际会议在加拿大举行，一些著名学者，如波士顿大学的 Timmons、德克萨斯大学的 Konzmetsky、卡耐基梅隆大学的 Bauman 以及密歇根大学的 Brophy 等参加会议并发表了关于创业的主题演讲，进一步推动了创业研究的进行。

20 世纪 80 年代，一大批来自战略管理领域的学者开始了创业研究，这些学者对于创业研究体系的构建以及以后创业研究的发展作出了重大的贡献。在这之后，创业研究进入了快速发展时期，并取得了丰硕的研究成果。首届百森创业研讨会于 1982 年举办，以后每三年举行一次，百森商学院成为全球首家系统开展创业研究的机构；1985 年《企业创业杂志》(*Journal of Business Venturing*) 创办，1988 年《美国小企业》(*American Small Business*) 更名为《创业理论与实践》(*Entrepreneurship Theory and Practice*)，这两种期刊的创建正式开启了创业研究的新时代，它们发表了一些著名的创业文章，指导了全球创业理论的发展和产业体系的完善，目前已成为公认的创业研究的顶级期刊；1987年，美国管理学会将创业研究作为一个单独的领域正式纳入了管理学科；在这十年间，许多学校开设了创业学课程，比如，百森商学院开设了企业家创业课程，印第安纳大学创建了创业培训班课程，这些都在实践上指导了创业研究。在这一时期，大部分的研究工作也都是以现象为基础，对创业现象进行简单的描述与分析，而且无论是从方法论上还是从理论上来看都比较简单。因此，创业作为一个知识领域，虽然发展速度迅速，但是仍旧落后于那些在理论和方法论上都快速前进的其他领域，如管理学、心理学和社会学等。另外，由于创业学是一个新型的学科，其理论体系和方法论体系尚未建立，因而不容易被主流的学者所接受。因此，此时的创业研究对学术界主流思想的影响仍十分有限。

进入20世纪90年代，创业研究出现了繁荣局面。到90年代中期，"创业研究在学术研究中随处可见"（Shane，2001）。许多其他领域的学者，如心理学、社会学、经济学、管理学、组织行为学等领域，开始进行创业研究领域，并尝试从各自的角度对创业现象进行深入的研究，极大地丰富了创业理论，创业理论也因此而日趋成熟。到90年代末，创业研究领域和其他领域之间的交叉联系已相变得逐渐紧密，交叉研究也逐渐兴起。创业研究也成为诸多学科关注的焦点。

由此可见，创业对一个国家和地区的长远发展和竞争力的提高具有举足轻重的作用。从文献资料看，最早提出创业者概念的经济学家是坎悌隆（Cantillon，17世纪）。其后，沓古塔（Tugot）从风险和不确定性角度，熊彼特（Schumpeter）从创新角度，系统阐述了创业者的特征和作用。1947年,哈佛商学院的麦斯(Myles Mace)教授创立了创业学学科内容体系框架,并在哈佛商学院首次为当时的180名MBA学员开设创业学课程。到1985年,创业学领域的第一本权威性专业期刊——*Journal of Business Venturing* 在美国诞生。因此,同其他学科相比,创业学属于一个新兴的交叉学科。

国外有关创业理论模型的代表性研究成果主要有:熊彼特模型(Schumpeter model),即关于企业家或创业者一般性创业活动的描述模型;基于创业过程的模型如W. B. Cartner(1985)的个人、组织、创立过程和环境的概念框架模型,Willam(1997)的人、机会、环境、风险和报酬等要素构成的概念框架模型,Timmons(1999)的机会、创业团队和资源的创业管理理论模型和Christian(2000)的创业家与新事业之间的互动模型。Davidsson(2003)提出了创业研究基本框架,包括:创造新的或未来商品和服务的机会,个体、组织、区域、产业、文化、国家等分析单元的创业主意,创业者对创业机会的开发以及创业分析层次。Kirzner(1973,1979,1985,1997)认为机会的发现是创业的核心问题。创业者利用经济波动,靠其对事物的了解和识别能力发现并开发机会,而且大多数机会是偶然发现的。Hills和Shrader(1998)认为商业机会的识别和开发对创业起到核心作用。创业领域中有代表性的观点主要有:Reynolds和Miller(1992)研究企业生成过程中四个关键事件的发生次序,结果发现并没有固定的次序;Katz和Garter(1988)提出企业生成过程分为四个阶段:①有意识地收集组织建立的信息;②努力建立组织边界,使创业企业突显出来,如形成法人组织、建立管理条例、购置办公场所和设施等;③获取组织运作的资金;④与供应商、顾客进行交换，建立最初的商品或劳务供给。机会识别研究的代表人物主要有 Kirzner、Bhave、Christensen、Madsen、Peterson、Shane、Hills 和 Shrader 等。企业内创业研究的代表人物主要有 MacMillan、Venkataraman、McGrath、Burgelman、Hall 和 Bettis 等，其中有代表性的观点如 MacMillan（1987）认为企业不断壮大的社会资产和经营关系可能会减少对数额庞大的启动资金需求。企业创业最吸引人之处在于它能够彻底改造已经成熟的组织机构并使其更有活力。McGrath（1995）认为新的概念的产生在企业之内被怀疑甚至被抵制，所以一种新的"冒险想法"就要求有一个或一群强大的行动者。Timmons 和 Hisrich 对创业研究成果进行了系统总结，分别出版了在全球畅销的《新企业创建》和《创业学》教材。

关于新企业创建，多数学者关注新创企业形成过程及其影响因素研究。对于创业企业形成过程的研究既考虑到外部环境要素的影响，又注重于从企业内部生存机制和发展机制的建立来研究创业企业的生存和发展，认为要使创业企业能生存下来并保持持续的发展，不仅需要一定的环境条件，更重要的是企业能建立起一个维持企业生存并持续发展的自适应机制。那么对于企业自适应机制的研究需要建立在系统研究企业形成过程机理的基础上，探讨企业核形成原理。因此，与以往的一些研究相比，本书将更为系统和深入地探讨创业企业的形成机理。

对于企业创生过程的研究，大量研究学者认为企业创生过程是一个从机会识别到新企业创建的过程。这个过程有线性和非线性之分。部分学者认为企业创生过程是线性的，即创生过程是从机会识别到第一次销售单一的、线性的过程。这种线性过程发生的事件的累加就会导致新企业的形成（Reynolds & Miller, 1992; Carter, Gartner, & Reynolds, 1996）。还有些学者认为创生过程是非线性的，而是一个反复的、不断反馈、非线性的过程，具有动态性与复杂性（Bhave，1994），并认为企业生成的发展阶段难以划分，不具有统一的划分标准（Liao，2003）。尽管对于创生过程是线性还是非线性，这个过程包括哪些具体活动，以及这些活动如何进行阶段划分还没有达成一致的结论。但对企业创生都比较认同的观点，是创生过程实际上就是对识别出的创业机会付诸实施的过程。因此，本书在前人研究的基础上认为，创生过程包括对识别机会的评价和筛选，以及对筛选出机会的付诸实施、整合机会所需资源的过程，这些过程中任一阶段的中止都会返回到上一阶段。见图2.1所示。

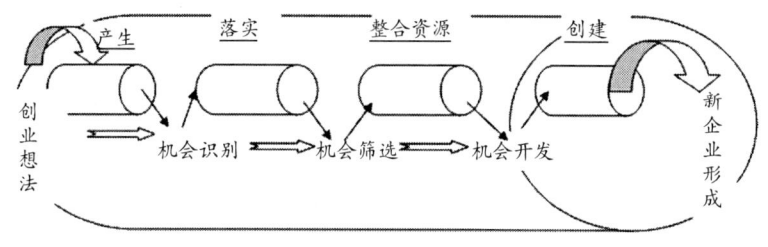

图2.1　创业企业形成过程

（1）机会识别阶段

对于机会识别的界定，大量学者从不同角度予以理解。

从最终目的角度，Christensen，Madsen 和 Peterson（1989）认为机会识别以或是发现开创新企业的机会或是提升现有企业的位置为目标，这些机会的根本点都是为了获得新的潜在利润。

从内容和过程角度，Hench 和 Sandberg（2000）认为机会识别是一个形成、转化和改变的过程，包括机会的产生和发展的过程。Victor Hugo（2002）在总结前人对机会识别研究的基础上，认为对于创业这个活动过程，机会识别作为过程的第一步，它包括创业想法的产生到创业者识别出创业机会的过程。

关于机会识别的类型，目前的主流观点主要是 Bhave（1994）提出来的。Bhave 按照机会识别和创业想法发生的先后顺序，将机会识别分为两类：一类是外部刺激型机会识别，这类机会识别特点是创业者先有开创新企业的想法，然后再开始去寻求和识别机会；另一类是内部刺激型机会识别，这类机会识别特点是创业者首先发现了新的生产方法或新的需求，即先发现存在的机会，后有开创企业来实现这种机会。

还有一些学者从创业者主观能动性角度将机会识别分为意外发现的结果和有意识寻求的结果（Chandler, Dahlquist, & Davidsson, 2002；Gaglio & Katz, 2001），即这些机会是创业者主观发现的，还是客观环境创造的。Chandler et al.（2002）则认为这种认定的机会识别的类型对于接下来的实施阶段会产生一定的影响。

再有就是一些学者对上述机会识别类型分类的置疑。一类强调主观发现和客观存在并存。例如，Kirzner（1997）认为机会识别不单单是有意识的信息搜集过程，也不完全是运气，应该处于二者之间，即对可能机会的警觉的结果。Venkataraman（2000）争论认为机会本身是客观环境中存在的，但是它不可能在任何时候，被所有人都了解和发现到。然而，之所以有些人能够发现这些机会，是由于这些人对机会所做的准备和个人特质的差异所致。另一类强调创业者的机会创造。Ardichvili 等（2003）认为机会是可以被识别，但这些机会是被制造的，而不是被发现的。Hench 和 Sanberg（2000）认为机会存在于创业者的头脑当中，是一种创造性构想等待实现。Gartner 等（2003）认为机会在人与人每天的活动中产生。

通过上述研究我们可以认为机会识别是一个过程，作为创业过程的第一步，它起始于创业者的创业想法，至创业者通过警觉性发现或通过主观能动性创造新的利润机会的过程，这个过程以识别或创造出机会为节点。

（2）机会评价筛选阶段

尽管机会筛选作为企业创生过程中不可缺少的内容存在，但机会筛选不作为独立的阶段出现，创业者在进行机会识别的过程中，已经对机会进行筛选。之所以将此部分作为创生过程独立阶段出现，是为接下来对企业创生影响因素的研究做基础。

所谓的机会筛选和评价就是对该机会"是否有足够的价值值得去追逐？"以及"相应的能力是否具备？"等问题的考虑和衡量。Wallas（1926）称该阶段为验证评估阶段，即对该机会的可行性、市场适应性和预期回报进行评估（Long & McMullan，1984），验证创业者是否具有实施该机会的能力和获得实施该机会所需的信息和资源等等。Timmons（1999）也认为不是所有的机会都会被创业者选择，创业者需要考虑市场环境、个人能力等因素与机会的适应度。因此，有必要对识别出的机会进行评价和筛选。对于机会的评价和筛选需要依据一定的方法，目前学者有两种观点：一个极端主要依靠正规的商业方法获得评价该机会所需商业信息（Christensen，Madsen，& Petersen，1994），如市场调查、财物分析、顾客反馈等等。另一个极端完全依靠创业者的直觉（Hills，1995；Hills & Shrader，1998）和主观判断（Kaish & Gilad，1991）。大部分学者则认为机会评价和筛选的方法介于这两个极端之间，例如，Long 和 McMullan（1984）认为在创业者主要利用正规的市场调查、财务可行性分析和商业伙伴及社会网络成员的信息回馈（Bhave，1994；De Koning，1999）是创业者机会评价和筛选的主要方法，并且"拍脑袋"的经验对于机会的评价和筛选也有一定的作用。Hills（1996）则强调个人感觉和直觉在机会评价和筛选中的作用，认为创业者对机会的"感觉"与正式的顾客调查和市场分析同样重要。

通过上述研究分析我们可以了解到机会评价筛选该阶段主要是对机会的可行性、收益性和创业者能力等进行分析评价，进而进行机会筛选。在评价和筛选时，创业者主要考虑的因素概括为机会的可行性、机会的适时性、机会的获利性、机会的前景性以及创业者个人实施机会和整理资源的能力等等。在此基础上，创业者通过正规的市场调查、财务分析、社会网络成员的验证，同时通过创业者的主观判断对机会进行筛选，决定进一步可实施的机会。

（3）机会开发阶段

机会实施阶段就是把识别并筛选出的机会付诸实践，它包括从商业计划书的制定到实际创建，准备和整合企业创建所需资源的所有活动、人力资本、社会资本、物质资本、金融资本和组织资本等等（Erikson & Nerdrum，2001）。Csikszentmihalyi（1996）认为机会实施是使创业过程中最困难的、考虑问题最多、耗费时间和精力最大的阶段。并且，研究学者和创业者本身都认为最初的创业机会或想法在机会实施阶段中是一个不断尝试和试错的过程，发生下列情况之一都会导致机会的调整，甚至夭折：①创业者不能及时有效地整合到企业所需的人、财、物等资源；②创业者遇到筛选过程没有考虑到的，或者虽然考虑到但是无法解决的问题，导致创业者失去动力和热情（Einar Rasmussen，2004）；③由于顾客需求的变化（Bhave，1994），最初认定的市场机会将不复存在；④由于市场条件的变化，最初整合的企业创建所需的资源生产效率或优势降低或消失（Hills & Shrader，

1998）；⑤由于政策的调整，适于原有机会生存的环境消失（Einar Rasmussen，2004）。

而关于创生过程影响因素研究，在前一部分对企业创生过程研究的基础上，我们可以发现，虽然企业的创生过程本身所包括的阶段和内容不会因创业者特质和外部环境的影响而改变。但是，大量研究显示企业创生的各阶段都会受到创业者能力的高低和外部环境的变化的影响，而且这些影响将会决定企业创生从该阶段向下一个阶段顺利转移，最终影响企业能够创生。本书基于创生过程的角度，对影响企业创生的因素进行分析和研究。

（1）机会识别阶段的影响因素研究

回顾以前的研究，不难发现对于机会识别的研究主要从两个角度开展的，一是机会的经济起源，二是机会识别的过程。前者是从经济的角度研究机会识别，主要是探求什么样的经济条件能够产生新的机会。后者则主要是探讨机会识别作为一个过程所包含的阶段内容。本报告研究侧重于前者，即探求外部环境和创业者机会识别能力如何直接或间接的影响创业机会的产生。

在研究什么样的环境能够产生创业机会时，Long 和 McMullan（1984）比较概括性地认为文化、社会、经济、制度、技术（Gaglio & Taub，1992）任何一项的变化都能够产生机会。而在识别创业机会的过程中，除了创业者特质（对机会的警觉性）影响外，创业者的社会网络对于机会的识别也具有重要的影响。这种影响，Hills，Lumpkin 和 Singh（1997）认为创业者的社会网络是创业想法和创业机会的主要来源之一，由于个人在获得和储存信息方面的能力是有限的，创业者社会网络中的成员可以扩展创业者获得知识和信息的边界，有助于创业者获得更多的信息，进而发现更多的创业机会（Simon，1976）。由于 Long 和 McMullan

只是从比较宏观的层次上指出创业机会的可能来源,缺少实际的指导意义。其他学者则在此基础上比较深入地探究了创业机会的外部来源。如表 2.2 所示。

表 2.2 创业机会产生的外部环境影响因素的代表学者观点

代表学者	观 点
Victor Hugo（2002）	认为制度的变迁和产业链的调整能够产生大量的创业机会。
Timmons（1994）	进一步指出促使机会产生的因素有制度和法规政策的变迁、价值链和分销渠道的调整、资产优势、市场领导者的固步自封、意外事件、行业结构调整、人口统计特征的变化、顾客价值的改变、新知识的出现。
Elsinore & Denmark（2004）	通过对集群内大学等科研机构数量与知识外溢效应关系的研究,证实了知识外溢效应与创业机会的产生存在关系。
Aviad & Ilan（2003）	研究企业死亡率、集群效应与企业出生率关系时认为,集群内企业的死亡率对新创企业创业机会的产生有影响。
Michael（2003）& Fotopoulos（1999）	认为集群内企业的专业化程度对于新创企业创业机会的产生有一定的影响,但目前对是专业化还是多样化有利于创业机会的产生还没有定论。
Vinod（2004）	研究表明新创企业的创业机会受企业平均规模（Lloyd & Mason,1984）、行业内企业进入和退出率的影响。
Thomas & G. Dale Meyer（1996）	认为进入障碍的存在会对新创企业捕捉市场机会产生不利的影响。
Knight（1921）	通过对行业波动性的研究表明行业波动性与市场机会产生之间存在显著的关系。

续表

代表学者	观　点
Penrose（1963）	认为人口需求的增加和转变是机会产生的原动力。
Wholey & Brittain（1986）	市场机会的产生一部分是受政府政策的影响。政府政策的制定和调整会导致一些机会的产生。
Robson(1993) & Illers（1986）	认为地方文化氛围和经济状况对于机会的产生也会起到一定的助推作用。

文献来源：作者根据资料整理。

通过上述总结，我们可以概括出直接导致创业机会产生的因素包括政府政策的制定和调整、产业链的调整、人口统计特征的变化、行业的进入率和退出率、专业化程度、企业平均规模、行业波动性，以及地方文化氛围和经济状况对于机会的产生也会起到一定的作用。这些因素通过影响创业机会的产生，进而影响新企业的形成。

另外，创业者个人特质也是影响创业机会的主要因素之一。创业者特质对于机会识别的影响主要表现为两点：①创业者识别机会的能力，主要指创业者的警觉性。警觉性指对环境变化的直觉和感觉，这种直觉会导致个体发现和捕捉别人所不能发现的机会。按照 Kirzner（1973）的观点，创业者一个特有的角色就是通过对经济的不均衡警觉来发现和探索新机会，而这个机会是不为他人所知的。因此，Kirzner 认为机会识别是依赖于创业者自身的警觉性的，强调观察和直觉对机会识别的作用。Cooper（1981）认为创业者识别机会是基于对市场非正式的直觉和感觉。此外，一些学者之所以认为机会是不能通过搜寻而发现的原因在于机会是不能事先预知的，因此也就不可能利用已有的知识去寻求机会（Kirzner，1997；Kaish & Gilad，1991）。Hills（1996）认为创业者对机会的"感觉"与正式的顾客调查和市场分析同样重要，研究结果强调个人洞察能力和直觉在机会识别过程中的作用。②创业者创造机会的能力。这种观点认为机会可以是实现不存在的，是可以通过创业者的创造力、创新能力造就的。Long 和 McMullan（1984）也认为机会识别过程在某种程度上是在创业者自身控制之下的，并提出影响创业者机会识别因素包括不可控因素（文化、社会、经济、工作和人格特点）和可控因素（警觉性、工作选择、学习和生活模式等）。在这些因素的影响下，创业者可以通过所具有的经验创造机会。同时，大量学者认为创业者的知识水平对于机会的识别和创造也具有重要的影响。当创业者对于某一行业拥有的知识和信息越多，越有可能发现和创造机会。

（2）机会评价和筛选阶段的影响因素研究

对于机会评价和筛选阶段的因素研究，研究学者一般会在有关机会评价筛选原则和方法的指导下研究该阶段所需考虑的因素。

Krugman（1991）认为创业者在进行机会筛选时，更多的是以利润导向为目标，即通过对比选择期望利润最大的机会作为创业机会。因此，创业者更倾向于选择离顾客群较近或接近原料供应地的区域创业以降低运输成本；选择大量企业集聚的地方以降低运输成本、交易成本，并享受外部经济性；选择与供应商、零售商接近的区域以降低运输成本；选择接近大学、科研机构的区域以享受知识溢出效应等等。

Timmons 认为在进行机会评价和筛选时，比较好的机会一般具有以下四个特征：一是该机会能为顾客创造新的价值；二是该机会通过解决一些重要问题、满足特殊需求，能够使顾客支付较高的价格；三是该机会具有广阔的市场前景，丰厚的利润；四是该机会适合现有团队的特点，保持收益风险平衡。

Krugman 和 Timmons 的研究都是侧重于机会的价值，即机会是否具有可追逐性。这是影响创业者对机会评价和筛选的决定因素之一。但具有较高价值的商业机会，创业者本身不一定具备实现的条件，没有完成或将商业机会转化为创业机会的物质基础，即该商业机会是否具有可行性也是影响创业者对机会评价和筛选的主要因素之一。

Wickham 认为创业者在进行机会评价筛选时应该考虑的因素有生产技术的可行性、顾客需求、分销渠道、人力资本可获性、基础设施状况和现有行业的竞争程度。Jack Lang 认为除此之外，对于机会的筛选和评价应注意市场需求的大小、管理团队的强弱、技术的优势和退出该行业的难易程度等等。

创业者在进行机会筛选和评价时需要在两大原则的指导下进一步考虑影响因素。一是从机会的角度评价机会的价值，因此需要考虑的因素有：①市场大小带来的对预期收益的影响；②生产产品的新颖性所导致的社会适应性和市场前景如何；③实现该机会所需要的成本；④竞争的大概情况。二是从创业者角度评价是否具备实施该机会的能力，因此需要考虑的因素有：①所持资源的情况以及能够获取资源的情况；②是否具备实现该机会的技术以及该技术的专有化程度；③能否获得分销渠道的支持；④创业者或其创业团队对该机会风险的承担性。

（3）机会开发阶段影响因素研究

创业者在选定创业机会后，便开始创业机会的实际实施过程，这个阶段创业者主要是整合创业所需的各种资源。Tommons

(1994)认为该阶段对于整个创生过程来说是最为重要的，所有的创业项目都需要一定的资源才能成为真正的经济实体，再好的商业机会如果整合不到企业所需的资源，也没有任何意义。对于科技型企业来说，这种资源包括无形资源（技术）和有形资源（资金、人力和相关物资）。

初创企业的无形资源主要是技术，技术的来源可以是创业者自有知识产权，也可以与大学等科研机构或关联企业合作研发获得，也可以外购获得。总之，对于科技型企业来说，技术的可获性是影响其形成的重要因素之一。

对于企业来说有形资源主要是资金、人力以及相关物质资源。资金在某种程度上决定着任何一个企业的形成和发展（Van Auken，1999）。一般来说，创业者的个人资金有限，不能满足初创资金需求。而对于创业企业来说，风险投资是其获得资金的主要来源，因此能否获得风险投资的支持决定着初创企业的资金可获性，进而影响着新企业的形成（Shaffer & Pulver，1985）。创业所需的人力主要指可雇佣的劳动力。对于科技型企业来说，这些劳动力主要指专业化的技术人才。这些技术人才可以有多种来源渠道，但一般地方人才市场情况决定着企业人力的可获性（Joel Corman，1996）。对于企业创建所需的物质资源，基本都可以通过购买或租用的形式获得。因此，物质资源的限制会以资金匮乏的形式体现。

另外，目前越来越引起创业者重视的是企业的区位选择。因此，创业者在整合创业所需资源的同时，还要考虑新企业选址，这些决定将会影响上述资源的获取及获取成本。Schmenner（1982）认为对于科技型企业来说，技术人才的可获性及获得成本已成为新创企业区位选择的决定性因素之一，因此越来越多的企业选择与大学以及科研机构接近的地方。同时,地方政府相关政策、居住环境、基础设施建设也成为影响企业区位选择的重要因素。

通过影响企业创生过程的因素研究,我们不难发现,外部环境影响新企业形成的因素可以大致归类为:①属于行业特征或产业特性的,包括进入壁垒、专业化程度、企业平均规模、行业波动性;②地方属性或特征的,包括地方文化、地方生活环境、地方失业率;③由于地理位置所导致的,包括供应商的接近性、顾客的接近性、大学科研机构的接近性、地理位置接近所导致的竞争;④属于政府介入的,包括政府政策的制定,以及对于基础设施的投入情况;⑤企业创生所需的人力、资金、技术的可获性。如图 2.2 所示:

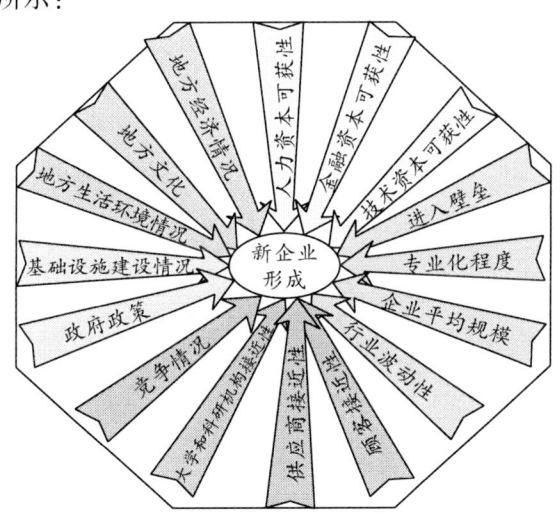

图 2.2　新企业形成外部环境影响因素图

而关于新企业成立过程机制,也出现了一定的研究框架。新企业成立过程体制机制研究框架包含这样几方面的内容,详见图 2.3、图 2.4。

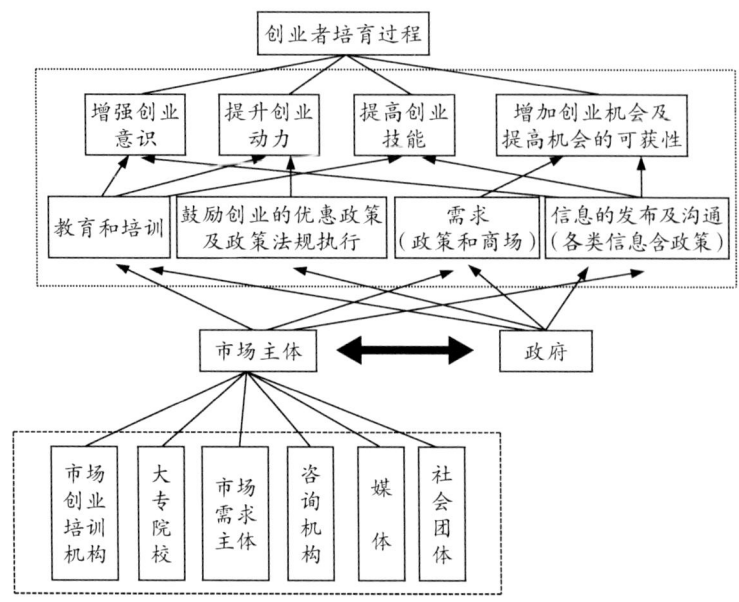

图 2.3 创业者培育过程体制机制研究框架

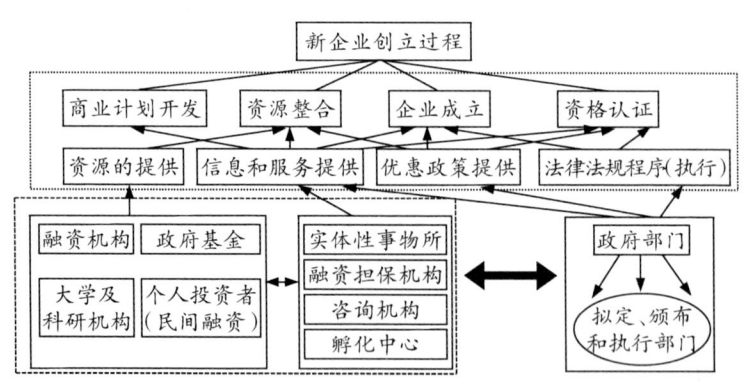

图 2.4 新企业成立过程体制机制研究框架

(1) 在新企业成立过程中，涵盖四个方面需求：

①商业计划的开发。

②资源整合，创业者整合技术、资金、人才等必需的初始资源，其中创业融资是一个重要环节。创业融资是指创业者在创业阶段，通过多种渠道或方式筹集资金并合理运用资金以保证企业创立、经营和继续发展所需的一种经济行为。

③企业成立，即企业注册成为合法实体。

④资格认证，主要指经营资格认证。

(2) 这几个方面需求和环境主体提供的功能挂钩，这些功能包括：

①资源的提供。

②信息和服务提供。

③优惠政策提供。

④法律法规程序，即执行。

(3) 本书涉及的主体为市场主体和政府。其中市场主体包括融资机构、大学及科研机构、个人投资者、实体性事务所、融资担保机构、咨询机构、孵化中心等等，市场主体之间、政府部门之间以及市场主体和政府部门之间是相互作用的。详见图2.4。

2.2.2 创业与区域经济发展相关研究

创业研究最根本的出发点就是促进区域和国家经济的发展，因此，研究创业时需要考虑一个问题："为何国家之间的经济发展速度不均衡，一些国家快，而一些国家发展速度慢？"由此可见，创业与经济发展关系的研究受到了国内外学者的广泛关注。

2.2.2.1 创业型经济的提出

早在1955年德鲁克就提出了创业型经济（Entrepreneurial

Eeonomy）这一概念。当时他区分了传统企业与新型企业的区别并发现，现代经济的主力军已经不再是所谓的全球500强了，而是新型的中小企业以及新创企业。因为在当今顶级的跨国企业中，有许多是由一二十年前名不见经传的中小创业型企业发展而来的。正是数量众多的创业型企业日益成为现代经济的动力之源，并创造着占90%以上的新增工作岗位。德鲁克也指出，缓解美国就业压力的最佳办法，就是大力发展创业型经济，促进新创企业的形成与发展，因为这些企业活力十足，而且具有灵活性。在对1970-1985年间的美国进行了观察以后，他说："在过去10-15年里，出现在美国境内的创业型经济形态，是近代经济与社会史上发生的最重要、最有希望的事件。"

创业型经济引起经济学界的关注却是在20世纪末。Bygrave（1998）对美国的创业活动进行了实证研究，结果证实美国经济取得成功的秘密是其拥有一种创新与创业文化，高水平的创业活动是美国经济最重要的战略优势。因此，他提倡发展一种创业型经济。此后，David B. Audretsch 和 Roy Thurik（2000，2001，2004）分析论证了创业型经济正在美国以外的一些发达经济体出现的背景与事实，并从基础力量、外部环境、企业运营、政府政策等方面对管理型经济与创业型经济进行了比较，通过对比研究揭示了创业型经济的构成元素，概括了创业型经济的一些重要特征。于是，创业型经济研究得以深入和系统化。

从20世纪90年代中期开始，经济合作与发展组织（OECD）、欧洲委员会、亚太经合组织（APEC）等开始认真研究各国发展创业型经济的途径，试图为提高本区域创业活动水平寻找解决方案。Anders Lundstrom 和 Lois Stevenson（2005）等还对一些发达经济体的创业政策进行了系统的理论与案例研究，论证了创业型经济的影响因素，提出了提高创业水平的五个维度。

2.2.2.2 创业影响经济增长的途径

Audretsch 和 Thurik（2004）认为，创业通过以下三个途径影响着经济增长。

一是通过创造知识溢出。Romer（1986），Lucas（1988，1993）和 Groosman, Helpman（1991）认为知识溢出是促进经济增长的重要机制，深入研究知识扩散的过程是重要的，尤其是从新经济增长理论得出的政策含义是由于知识角色分量的加重和因此而导致的规模报酬递增，知识要素（比如 R&D）应当被广泛地支持。然而，他们对知识在企业和个人之间的真正的传递机制做的工作还很少。

论证知识溢出的产生机制的文献还很少。然而，创业是一个一些传递机制已经被发现的重要领域。Cohen 和 Levinthal（1989）认为企业增强他们采纳别的企业开发新的技术的能力，所以就能够得到在外部产生新知识所得到的累积投资的回报。Audretsch（1995）建议将观察的单位从原来假设的企业转向个人，例如科学家、工程师和其他知识工人，也就是拥有新经济知识的人。当这种转变发生时，问题变为：这样一个拥有既定新知识的人如何从这些知识中得到回报？在这个溢出过程中，有知识的人可能会离开企业和大学去创造一个新公司，知识生产函数就这样颠倒了。知识是内生的并体现在一个工人身上，而公司是通过创新性活动内生地由工人得到他知识的报酬的方式创建的。因此，创业是一种机制，通过这种机制将知识溢出到一个商业化的新公司中。

二是通过增加企业数和促进竞争。Jacobs（1984）和 Porter（1990）认为竞争比垄断更有助于知识的外部化，不仅企业数目的增加会刺激竞争，而且企业间更加激烈的竞争同样有利于新公司在某一特殊领域的进入。这是因为，从小的专业化企业得到的必要补充比大的垂直整合的企业更适合。Glaeser 等（1992），Feldman 和 Audretsch（1996）都发现了支持这种竞争效应在制造业领域尤其适用。

三是通过企业的多样化。创业不仅产生大量企业，而且增加一定区域企业的种类，大量理论都支持多样化程度而不是同一性会影响一个区域的增长潜力。根据 Jacobs（1984）的理论，正是不同企业和经济人之间的相互补充的知识交换才产生了在新经济知识上的重要回报。他建立了一个强调地理环境在促进知识外部化上的重要作用的模型，这里知识的外部化将导致创新活动和经济增长。在这种环境下，创业资本通过注入多样化和作为知识溢出的导管，为经济增长做出贡献。创业经济主要是以创业资本的第三个角色为特征。

2.2.2.3 创业对经济增长的积极作用

随着知识经济时代的到来，创业活动对经济复兴、革新和增长的贡献日益显著，创业已成为一国经济繁荣的基础。Audretsch 和 Thurik（2004）对 OECD 国家的实证统计分析表明，那些小企业数量较多的国家具有较高的经济增长率和较低的失业率，而小企业数量较少的国家则增长率较低、失业率较高。创业型经济正在越来越多的国家里形成。

（1）英国实证

根据 Cipolla（1981）的理论，在 15 世纪末英国同意大利、法国和德国相比仍然是一个"欠发达"的国家。但在 1500—1700 年间发生了显著的变化。起初英国的出口被羊毛和羊毛制品所占据，1550 年之后，许多从法国和南部低地势国家的移民逐渐带来了许多其他的工业制成品。当时英国社会显示了惊人的文化包容性和对新观点、新技术的开放的想法。逐渐地，年轻人被派往其他国家的大学进行学习，英国社会显示出了对挑战和困难的积极的和对创新性反应的能力。企业家们采用其他的生产方法，使制造品多样化并渗透到新的市场。英国逐渐发展成为一个世界范围的商业网络。正像 Cipolla 所说的国际贸易的巨大发展被证明是学习创业的好机会。

到 1700 年，法律的和制度状况业发生了显著的变化并且有利于要素的流动和创新，封建制度的瓦解、庄园力量的削弱、联合股票公司的开始和银行系统发展就是明显的例子。工业革命是生产技术的变革（机械化），同时也是组织制度的变革（工厂制度），大量相互促进的创新产生了生产力前所未有的发展。尽管在工业革命为什么第一个发生在英国这一问题上仍没有一致意见，但 1750－1850 年间英国所显示出的技术上的领先地位这一因素是勿庸置疑的。在解释这个领先地位时英国在创业上的优越比他们在发明上的力量更加具有决定性。尽管英国的发明家和制造者与科学家始终保持着联系，但是这个领先并不是基于科学上的领先。Mokyr（1990）总结说，尽管英国在发明家和创业人员两方面都具有绝对优势，但它在创业人员和技术工人上具有比较优势，这使得它引进发明和发明家、向欧洲大陆的飞地输出创业人员和技术工人。

在英国，行业间创业的自由流动也是很明显的，而且资源分配对新机会的反应比大陆经济更快速。同样在这些国家，把家族企业看成是一种生活方式而不是仅作为一种手段，这种社会和心理态度不适合有效的创业和竞争。因此很自然的结论是在工业革命期间英国赢在创业上。

（2）亚洲例证

最近一次最吸引人的增长过程之一，就是在 20 世纪最后十年东亚所发生的一切。世界银行的一份题为"东亚奇迹：经济增长和公共政策"的报告中说，韩国、台湾、新加坡、日本、印尼、马来西亚和泰国在1965－1990年间经历了快速而且持续的增长。这八个国家经历了年人均实际GNP5.5%的增长，比OECD国家的增长速度快两倍，同时这些国家消除了收入分配不平等现象（World Bank，1993）。

惊人的增长成就在出口和国内需求两个方面表现出来，并可以与人力资本、生产性投资的资源分配、技术的融合和掌握直接相联系，由于公共政策支持这些活动，因此也就促进了宏观经济的稳定、消灭了不平等、实现了普遍的初等教育，并形成了一套有助于竞争和国际贸易的可靠的法律框架。这种分析，公平地说是宏观层面上的，也就是并没有把创新、私人投资和营销看成是创业活动的表现，除去已经存在大量中小企业的部门，对创业活动的兴起的研究还没有。

Phelps认为看待东亚奇迹的另一视角是从需求和人力资本角度来观察的，为什么几个国家在短短十几年时间里经历了一个快速的人力资本的积累，而其他处于同样时代的陷入贫穷的国家却没有这样的增长？可以确定的答案是：政府鼓励并批准创业（Mankiw，1995），Porter（1990）也在其论文"Emerging Korea"中有同样的观点，它提到的两个关键因素是敢于冒险的意愿和竞争激烈程度，中央政府的中心目标就是促进国际竞争，最后Hofstede（1995）指出，这些国家一直坚持这样的政策导向，这有助于其经济的增长。

（3）全球创业观察（GEM）的相关研究

GEM自1997年设计实施以来，一直致力于分析研究创业活动对经济的影响，因此在国际创业研究和教育领域享有盛誉。从理论上来说,创业活动对经济的影响主要体现在三个方面:第一,创业者将经济资源带到创业活动中;第二,新兴企业为社会提供新的就业机会;第三,创业活动对经济增长的影响。由于绝大部分学者对前两个方面有广泛的认同,所以创业对经济增长的影响就成为 GEM 研究的主要内容。GEM 研究的基本思路是:首先通过大样本的调查统计得出不同国家和地区的 TEA 指数,该指数可以衡量一个国家和地区的创业活跃程度;然后将国家或地区的 TEA 指数与 GDP 增长率进行时间序列回归分析。这里的 TEA 指数是指全员创业活动指数,即每 100 个 18-64 周岁的成年人中参与创业活动的人数。从 2000 年开始,GEM 用这个指数来衡量一个国家或地区的创业活跃程度,并对当年收集积累的数据(GEM 成员的 TEA 指数和 GDP 增长率)进行统计分析,得出的结论是:创业活动与当年经济增长率之间的相关性是正的(尽管 2002 年以前的相关系数很小,接近于 0);创业活动对经济增长的推动作用是有时滞的,与一年后、两年后的经济增长率之间存在显著正相关关系。另外,GEM 全球研究小组将参与研究的 40 个国家和地区依照创业活跃程度分为五组,分别为创业高活跃组、创业比较活跃组、创业一般活跃组、创业比较不活跃组和创业不活跃组。在简单的分组分析下,可以看出,平均而言,创业活跃的国家和地区其经济增长率比较高。

2.2.2.4 创业对经济增长的消极作用

另外也有一些学者如 Andre Stel,Martin Carree 和 Roy Thurik(2005)通过建立线性回归模型,将 TEA 指数放在自变量中研究它对 GDP 增长率的影响。通过运用 GEM 的数据得出了相对较弱的结论:在高度发达的经济中,创业活动对经济具有积极的作用;而在相对贫穷的国家中,TEA 指数却与 GDP 的增长率负相关。也就是说，作为衡量创业活跃程度的 TEA 指数与 GDP 的增长率有关系但不是简单的线性关系，尽管结论是在样本国家数（尤其是转型国家和发展中国家）较少的情况下得出的。

综上所述，创业对经济增长的影响总体上是积极的，但也存在消极的一面，其中的机制尚不明朗，结果依不同国家所处经济阶段、样本指标的选取、所采用的研究方法等具体情况而不同。

2.3 我国的研究

相比之下，国内学者对新企业创建于区域经济发展之间关系的研究较少。

刘星（2007）认为，在转型经济下的中国，应充分认识创业型经济对经济发展的主要作用，应立足发展创业型经济，以促进新的经济增长方式的转变，并发挥其自有作用。目前我国创业的特点是：创业机会较多、创业动机很强、创业活动较为活跃，但创业环境差、创业能力不足。因此，要形成良好的创业型经济形态，政府必须从政策角度来鼓励和推动个人以及组织的创业行为。

郑风田、傅晋华（2007）从个人、企业和社会三个角度重点分析了我国在建立"创业型经济"中存在的政策问题，并提出完善我国创业政策，建立"创业型经济"的相关对策建议。

湛军（2007）利用最近创业研究成果，简要分析了创业如何影响一个国家的经济发展，阐述了创业的发生与发展本质上受到来自国家总体环境与创业环境两个主要方面因素的影响。他认为，成功的创业必须要把早期创业活动更多地转化为具有一定生命周期的新企业，因为创业最终要通过建立新企业与发展新企业来提高经济总量、扩大就业机会、创造社会财富，从而提高一个国家的经济发展水平。

景云祥（2006）认为打造创业型经济，政府必须处于主导地位，在政府的领导下，通过政府的决策与工作程序为创业提供必要的条件、创造更多的机会。政策工具的选择必须坚持符合创业规律、以市场为中心、适应政府能力的原则，这样才能促进创业活动的展开，促进创业的繁荣。

景云祥、卫家稳（2006）概括了创业型经济的重要特征。作为一种社会经济形态，创业型经济表现为以创新为基础，是一种全方位发展的创业行为；作为一种经济运行方式，创业型经济实现了从微观到宏观的有利于创业的推进机制。创业型经济改变了经济增长的逻辑：一方面，促进了经济增长由单引擎推动向双引擎推动的转化；另一方面，使创业推动由单边推动转变为双边推动，增强了经济的推动力。

李政、柳春江（2005）对国外创业与经济增长理论研究进行了综述，指出创业活动对经济增长的影响是显著的，但其中的机制尚不明朗。

李政、李玉铃（2005）在回顾创业型经济有关文献的基础上，探讨并分析了创业型经济的四个维度和基本构成元素，提出了在知识经济时代和全球化背景下，创业型经济是优于管理型经济的参考框架模型的观点；进而根据创业型经济的影响因素提出了创业型经济的发展途径，并指出在创业型经济里，政府政策的核心作用是促进知识产出和知识商业化，目标是使人员便于流动，并发挥能力去创新和创建企业。

邱琼和高建（2004）在回顾了相关研究的基础上，着重介绍了全球创业观察（GEM）研究项目提出的创业活动与经济增长关系的理论模型、研究方法和统计分析结果。清华大学中国创业研究中心姜彦福等在 GEM 的研究框架和方法下,构建了中国私营企业创业指数(CPEA)来刻画我国不同地区的创业活跃程度。CPEA 指数是某地区每万成年人(15-64 周岁)拥有的过去三年累计新增的私营企业数量。从 2005 年 CPEA 指数的情况来看,我国的创业活跃程度存在明显的区域特征。私营企业创业最活跃的地区是上海,其次是北京;最不活跃的地区是广西,其次是贵州、陕西。创业最活跃的地区也是经济最发达、经济增长最快的地区,创业最不活跃的地区,也是经济最落后、经济增长最慢的地区,这支持了 GEM 的结论。

当前,我国正处于传统计划经济向社会主义市场经济过渡的转型时期。在经济转型时期,政策法律环境、市场环境、企业制度等都与市场经济国家不完全相同,这使得中国创业活动的动态性、创业环境的复杂性远高于发达国家,具有自身鲜明的特点。而目前针对转型经济和落后地区的有关研究还相当匮乏。国内学界虽然已经认识到小企业和创业活动对解决就业和促进经济增长的重要性,但创业型经济的理论与实证研究还很不深入。主要问题有:①大多致力于引进和介绍国外研究成果,对创业型经济的产生动因、基本特征、构成元素和影响因素进行描述性分析,实证研究较少;②虽然意识到创业对促进经济发展、维护社会稳定的重要性,但多数分析还局限于一些对策性研究,对中国发展创业型经济的必要性缺乏理论上的有力支持;③实证研究方法较简单,主要采用简单分组、相关分析及回归分析,最大的缺陷是无法确定变量间是否存在因果关系,也不能判定二者之间因果关系的方向;并且对不同阶段整序列回归时,会造成"伪回归"现象,导致回归结果毫无意义。

鉴于此，本书将对创业与中国区域经济增长关系进行较全面的分析。除了在理论上对创业促进中国经济增长的机制进行探析，并对我国发展创业型经济的必要性进行理论上的论证外，还将引入两种动态模型分析方法，对创业与中国经济增长的长短期关系及因果关系进行实证研究，并在深入剖析中国创业现状及问题的基础上，提出能够指导我国创业型经济发展的启示。

2.4 本章小结

本章根据研究设计，首先回顾了与本书相关的基础理论，主要有熊彼特经济发展理论、中心地理论、输出理论、现代经济增长理论以及聚集理论，这些都是区域经济发展的基本理论，对区域经济的发展具有主要的作用。接着回顾了创业、区域经济增长等相关研究，这些理论均从不同的视角研究了区域经济发展的状况和态势。最后，对我国的相关研究进行了分析与评述。

3 研究模型与假设

在第二章基础理论的基础上,本章将对创业、经济发展、经济增长等三个变量进行分析,最后通过构建它们之间的联系来提出研究要素之间的相关假设,为后续章节的实证研究奠定基础。

3.1 创业与新企业创建

诸多文献对创业提出了若干解释。Schumpeter(1934)将创业定义为,将新的组合引入市场的过程。这些组合被认为是在市场中新创造的东西。在 Schumpeter 看来,当创新在新的组合中存在时,就存在着创业。模仿和重组市场中那些没有提供改进或创新的现有资源,不能构成创业活动(Schumpeter,1934)。与此相反,Kirzner(1973)将创业视为一种警觉,它能够利用有利可图的机会。这种看法并不意味着有利可图的机会只存在于创新活动中,创业机会还存在于当个人对外界机会警觉之时。因此,Kirzner(1973)认为,创业不仅意味着可以为市场带来创新的活动,而且是可以追求市场中盈利机会的行动。

本书采用了 Gartner(1988)的定义,他将创业定义为新企业的创造。这意味着,创业活动包括一个特定区域内新公司的形成。这一定义更具有包容性，因为它同时考虑到了 Schumpeter 和 Kirzner 关于创业的定义。在上述理论中，Kirzner 认为，新成立的企业不仅要利用创新，在熊彼特的模式下，还要挖掘从创新中所创造出来的有利可图的机会。因此，这个创业的定义意味着，创新可能是必要的，但对于建立新的组织来说是不必要的（Sharma & Chrisman，1999）。在本书中，新企业、新公司、新生意以及新组织都将互换使用，都是指新企业的创建。此外，Sharma 和 Chrisman（1999）认为，创造一个新企业的过程可以由一个人承担，也可以由几个人组成的团体或者一个现有的组织来进行。至于后者，当组织选择在居住以外的地方建立新公司时，创业活动就出现了。此外，特别是老板，无论是个人还是已存在的组织，随着时间的推移都会创建不同的机构。为了进一步澄清，并且为了符合本研究的目的，创业定义的范围是关于建立新的企业。此外，该定义不包括续期行为或不会导致新企业创立的创新活动（Sharma & Chrisman，1999）。

另外一个需要说明的关键词是发生在特定区域的创业活动。这一术语也被用来描述在一段时间内发生在一个地区的企业的变化情况（Armington & Acs，2002；Reynolds et al.，1995）。在这种情况下，创业活动代表在一个特定区域中经营实体数量的净变动。净变动的总数等于在一定地区新创立的企业数减去这段时间内关闭的企业数。Birch（1987）的研究表明，某一地区会因为老企业的搬迁或倒闭而失去企业，而新的企业能代替那些倒闭的企业。可以预计，当一段时间以后，会有相当一大批新公司成立，他们不仅代替了那些倒闭的企业，更重要的是增加了一个地区运营企业的数量，这时，创业活动的水平就会更高。

关于创业与新企业创建的含义见表 3.1 所示。

表 3.1　关于创业与新企业创建含义的不同观点

作者	年代	观　点
Schumpeter	1934	新组合的形成
Kirzner	1973	创业是一种警觉,它源于有利可图的机遇
Gartner	1985,1988	新企业的创造
Reynolds 等	1995	某地区企业数量的变化
Sharma & Chrisman	1999	新组织的建立,不一定创新
Zhang 等	2005	新企业的创建,创新是其核心

资料来源:作者整理。

3.2　经济发展与经济增长

研究人员往往同时使用经济发展和经济增长,而不是将它们彼此区分。Flammang(1979)认为,这两个变量蕴含不同的过程,它们在短期内互相竞争,但是在长期看来却是互补的。一些研究人员,例如 Malizia 和 Fesser(1999),Todaro(2000),还有 Rocha(2004),他一方面解释说,经济增长有一个短期的目标,那就是经济数量方面的变化,比如生产的增加或者就业机会的增多;另一方面,经济发展有一个长期的方向,其目的是社会质的变化,如人们生活质量的提高。

在本书中,经济增长是指在一段时间内经济规模的增长(Allen & Thomas,2000)。这一量变意味着为普通居民提供商品和服务的能力的提升(Kuznets,1973)。那些基于区域层次,研究经济增长和新企业成立之间关系的研究者们,已经将经济增长视为雇佣的变化或者一个地区内新工作机会的增加(Acs & Armington, 2004; Audretsch & Fritsch, 2002; Van Stel & Storey, 2004)。然而,其他将国家作为分析单位的研究已经使用国内生产总值(GDP)的变化作为衡量经济增长的工具(Tang & Koveos, 2004; Van Stel et al., 2005)。但是本书根据区域数据,研究区域经济的发展。

经济发展是提高人们生活质量的过程(Todaro, 2000)。Todaro (2000)采取定性的方法研究了经济发展的过程。他认为,在经济发展的过程中有三个重要的方面值得考虑:①提高人们的生活水平;②增强人们的自尊心;③提升人民的自由,给予他们各种商品和服务。然而,Rocha(2004)却解释说,以前关于经济发展的解释涉及人均收入的增加,但这种增长并不一定能提高群众的生活水平。为了促进区域的发展,质的变化过程需要通过创新体制和技术革新来调整经济结构,升级经济结构。在经济不断发展的过程中,贫困应减少,人口之间的不平等应消失以及失业应下降(Rocha, 2004; Todaro, 2000)。因此,现在导致经济繁荣发展的过程被认为是人们生活水平提高的过程。

经济发展和经济增长以及它们与创业之间的关系,要追溯到早期 Schumpeter(1934)的成果。他的理论为社会带来了进步。尽管来自古典的经济增长模型并不强调创业对于一个地区发展和经济增长的重要性,但是基于内生增长理论(Lucas, 1988; Romer, 1986)的研究使它的作用显得更加清晰。根据内生模型,一个地区现有的知识为新企业的创建提供了可以利用的机会(Romer, 1994)。此外,创业经济的进化(Audrestch & Thurik, 2001)使得地区的规划者和开发者意识到了促进创业而出现的利益。此外,创新活动使区域在全球环境中更有竞争力。因此,新企业的建立被认为是对一个地区的经济发展和增长有着直接和积极的影响。

但是，关于经济发展和创业的实证文献，一直面临着如何衡量增长和发展的问题。就业方面的变化被用来衡量经济发展，尽管研究人员已经使用了其他的衡量数据，如国民生产总值（GNP）或国内生产总值（GDP）、人均收入、失业、生产的附加值和生产力（Fritsch & Mueller, 2004; Rocha, 2004）。但这些衡量指标也被用来衡量经济增长。Rocha（2004）认为，无论是就业的变化还是创业的发展，如果它与经济生产力和工作质量有关，都会作为发展的衡量工具而被有效地使用。质量不仅意味着如工资水平和其他报酬的提高，而且还意味着社会福利（Rocha, 2004）的改善。

为了说明这些衡量指标的差异，本书认为，经济增长涉及量的变化，而经济发展需要质的变化。这样区分的合理性都已经过了多人的实证分析（Audretsch & Fritsch, 1994; Carree et al., 2002; Van Stel et al., 2005）。本书将经济增长视为就业的变化。由于某地区现有能力和生产力的提高，他们的劳动力在增加。Allen 和 Thomas（2000）认为，因为新资源（例如劳动力）的补充，经济规模正在扩大。就业的改变是一种量变，因为它无法决定新创造的工作是否需要具体的技能、支付多少的工资，或者是属于哪个特定行业。另一方面，本论文将经济发展视为生产水平的变化。特别是，经济发展由区域生产总值（GRP: Gross regional product）的变化来衡量，GRP类似于国家对于GDP的估计。GRP的变化代表着地区生产力的改善，这些生产力可以转化为更多的机会，这些机会可以提供给运营实体，可以是更好的工作条件（例如为雇员提供更高水平的工资）或者是人们更高的生活水平。此外，GRP的改变也意味着经营实体参与了那些能够提高他们产品或服务的增值活动（Porter，1985）。因此，GRP 的变化意味着地区质的变化。总之，当解释一个地区的经济发展和增长时，区分质和量的变化是一个主要的因素。

3.3　人口统计学因素与经济因素

本书的模型架构基础是 Minnitti 和 Bygrave（1999，2000）的理论框架（见图 1.1 和 1.2），因此，本书便从这两个基本框架来分析各个因素之间的相关性及其包含的子因素。

Minnitti 和 Bygrave（1999）认为，社会经济条件、人口和经济因素往往影响着个人如何运作他的业务。特别是，在总体水平上，居民的人口组成可能影响个人创业的主观评估。一个地区的经济条件能够影响新企业的建立。

Shapero 和 Sokol（1982）认识到，环境条件能够激发人们创立新的企业。他们指出，当个人对他们的现状感到消极并需要采取行动时，他们会去创业。在外部条件可行时，这些行动会加速。流行于一个地区的环境机会可以拉动个人去创建新企业（Folster，2000）。

一些研究人员已经提出这样的框架，即一个地区的环境如何影响新企业的建立。Gartner（1985）列出了一系列的环境变量，它们可以影响新企业的创建。它们包括配套服务和设施、训练有素的劳动力、风险资本、获得财政资源以及政府的影响力。Bull 和 Winter（1991）认为，一个特定区域新企业的位置选择取决于个人原因和费用。这些表明，大多数人往往在他们的居住地创业，因为他们不想破坏家庭关系。此外，这些人可以依靠他们在社会中建立的社会关系来建立自己的业务。然而，有些地区往往为那些要开创自己企业的创业者提供更好的前景和条件。新生的企业家有时需要移址到这种类型的地区中。Spetch（1993）提出，有着丰富资源等优良环境的地区会促进新企业的创建，因为这里有促进这一进程的社会、政治、基础设施、市场和经济因素。Gnyawali 和 Fogel（1994）采取了类似的办法。他们提出了一个环境框架，以利用政府支持、企业和商业技能、金融和咨询服务、社会经济条件等来进行创业活动。所有这些表明，一个地区的环境影响这里的创业活动。

研究人员进行的实证研究已经考虑到人口和经济因素将很大程度上影响新企业的创建（Armington & Acs，2002；Bull & Winter，1991；Chrisman，1985；Chrisman et al.，1992；Evans & Leighton，1990；Folster，2000；Kirchhoff et al.，2002；Noorderhaven，Thurik，Wennekers & Van Stel，2004；Saxenian，1999）。一方面，这些研究人员已经研究了人口因素，如人口增长、移民、种族、教育和在外国出生的人口对企业创建的影响。另一方面，失业和收入水平经常作为影响新企业建立的经济因素而被研究。

从人口因素方面考虑，Bull 和 Winter（1991）提出的证据表明，在吸引新企业创建方面，美国不同城市之间存在着差异。他们的研究结果还表明，种族、教育和移民问题影响到企业的创建率。此外，Chrisman 等（1992）的研究表明，人口增长和移民对于新创建的零售部门有积极的影响。Armington 和 Acs（2002）对一个特定区域教育的重要性进行了研究。他们获得的证据表明，高校毕业生和公司创建率之间存在着促进关系。因此，可以看出，各种人口因素对于新公司的形成有着积极的影响。

就经济因素而言，Folster（2000）通过实证认为，瑞典的失业者将创业视为被现有组织解雇后的唯一出路。他认为，个人可以因为目前的状况而促进或阻碍创业活动。在美国进行的研究中，Evans 和 Leighton（1990）解释了这样一种关系，即失业和小企业形成之间的关系很明显；Bull 和 Winter（1991）解释了失业和公司创建之间的消极关系。此外，Reynolds 等（1995）认为，新企业的创建往往会在较低失业水平的时候减少。Armington 和 Acs（2002）发现失业率可能会在具体工业部门，例如制造业和零售业，影响新企业的形成。就收入水平而言，Noorderhaven 等（2005）发现，在 15 个欧洲国家中人均国内生产总值和自谋职业率之间存在反向关系。这一证据表明，当一个地区变得富有时，创业活动往往会减少。这也意味着，作为一个雇员比成为一个创业者有更加美好的前景（Iyigun & Owen，1998；Lucas，1978）。

此外，已经有研究分析了人口和经济条件对新企业创建的影响。在关于新企业创建的跨国比较中，Reynolds 等（1994）发现，最发达地区的新公司创建率是最不发达地区的 2-4 倍。为了分析这些新公司的创建率，他们利用了诸如需求（人口增长和迁徙）、城市化、失业、财富、经济专业化、政治方面和政府开支的条件等要素。其结果表明，各区域间的新公司创建的差异反应了人口和资源的变化。Reynolds 和他的同事认为，不断变化的创建率表明，有些地区比其他地区更加发达，因而创业出现了差异化。此外，这些地区可能会提供一个更好的资源存量，可以让创业者有机会开始运作。最近一项研究试图证实这个评估，因为搜集的多国样本证据表明，拥有熟练的劳动力、外部资源和政府的努力，往往会影响开创企业的可行性和可取性（Begley，Tan & Schock，2005）。这些都表明，经济因素影响企业的创建。

3.4 先前的创业活动

就一个地区的创业影响而言,Minnitti 和 Bygrave(1999)的研究表明,以前的创业产生了更多的企业家精神。Shapero 和 Sokol(1982)与 Gartner(1985)的研究都表明,一个特定区域有经验丰富的创业者的存在往往会影响新企业的创建。这些创业者通过自身榜样激励其他人成为创业者,这说明现有组织对新组织的创建有影响(Specht,1993)。Pouder 和 John(1996)的研究表明,集群企业往往需要创新并且需要其他企业的支持以维持竞争力。在这方面,Ritsila(1999)认为,当地的创业者建立了合作的网络,设法挖掘创新能力。这些活动往往会为创业者提供机会。Bygrave 和 Minnitti(2000)认为,拥有高水平的创业活动的地区往往会为新公司成立创造更多的机会。因为个人可以直接观察到其他人的努力和创业行为。因此,存在这样一个雪球效应,即创业活动将推动更多的个人进行创业行动。

关于实证结果,Shane(1996)的研究表明,在美国,先前的创业活动会影响创业率。然而,Armington 和 Acs(2002)得出了一个好坏参半的结果,他们发现在一些工业部门二者之间有积极重要的关系,而在其他部门它们却不相关。

总之,由 Minnitti 和 Bygrave(1999,2000)确定的框架意味着,新企业的建立是个人行为、社会经济条件和创业活动共同作用的结果。该框架为在本章描述的概念模型提供了理论基础。

3.5 创业与经济发展和经济增长

经济增长带来了地区经济的量变，而经济发展意味着人们生活水平的质的提高。如前所述，这些理论上的分歧还没有在经验层面上得到澄清，因为研究人员倾向于在两种结构上使用类似的指标。显而易见的是，经济增长和经济发展是相关联的，因为其中一个可以导致另一个发生变化。Todaro（2000）和 Rocha（2004）解释道，经济发展过程可以在经济不断发展的区域背景下发生。此外，本书分析的经验证据表明，研究人员已经调查了增长或发展；但是，没有经验证据能够解释两者的结构，或是解释一者如何能够补充或导致另一者发生变化。因此，鉴于之前提供的解释，经济发展在例如 GRP 的生产水平上有质的变化。

相关文献表明，创业与经济发展和经济增长之间有着很强的关系（Carree et al., 2002；Rocha, 2004；Wennekers, Van Stel, Thurik, & Reynolds, 2005）。如前所述，Schumpeter（1934）认为，创业者在促进经济发展的"创造性破坏"的过程中扮演着重要的角色。这种创造性的破坏过程也被称为熊彼特第一制度（Carree et al., 2002）。

其他经济发展理论也考虑到创业方面的知识溢出，它存在于区域内以及行业间（Jacobs, 1969；Krugman, 1991；Porter, 1990；Romer, 1986）。此外，Liebenstein（1968）将创业者描述为经济中差距填补的执行者，他们需要"搜索、发现和评价机会，调动创业需要的财务资源，制定有约束力的制度，承担管理的最终责任以及最终的不确定性并承担风险。

Kirzner（1973）将创业者置于市场过程中对有利机会十分觉醒的位置。然后，经济就从这些警觉的创业者实施的创业行动中实现了发展。尽管这些都是概念化的东西，但是创业和经济发展与经济增长之间的联系已经在过去三十年的研究中显现出来。

在20世纪的前75年，创业没有考虑经济发展的因素。这种观点在新古典经济增长模型中得到了体现（Solow，1956）。因此，研究人员集中解释了经济发展是由较大的已成立的公司带来的，因为这些企业的经济规模是建立在有形资本的投资上的（Acs & Armington，2004），它们对社会的影响也较大。此外，Carree等（2002）认为，这是一个规模和范围的时期，在这个时期里，工业企业在其职能领域利用规模和范围发展经济。Carree等（2002）将此体制视为熊彼特第二制度，一个创造性积累的过程，大企业将目标集中于创新活动和超越较小的公司（Schumpeter，1950）。

一些学者将创业视为经济发展中的一个不重要的因素，他们（Iyigun & Owen，1998；Kuznets，1971；Noorderhaven et al.，2004；Schultz，1990；Yamada，1996）认为，经济发展和企业所有权结构之间有消极关系。Iyigun和Owen（1998）认为，经济发展为人们提供了更好的就业机会。这一观点认为，创业作为一项个人追求的职业，变得越来越没有吸引力，因为发展的经济在已建立的组织中将产生稳定和高收入的工作，这吸引着雇佣者。

然而，Carree等（2002）认为，在20世纪最后的25年里，发生了从熊彼特第二制度到熊彼特第一制度的转变。他们提供了多种原因，例如新技术的出现降低了规模经济的重要性，放松管制和私有化，个人追求越来越多的收入和财富，作为一种职业选择人们给予创业的价值等。Audretsch和Thurik（2001）认为，1970年之后，创业经济模型出现在发展经济中，新小企业开始在许多行业出现，开始了创新。创业经济意味着创业活动和政府计划的存在，这些政府计划正是为了创立新企业以创新和促进经济发展（Audretsch & Thurik, 2001）。此外，内生增长理论（Lucas, 1988; Romer, 1986）的出现修正了新古典模型关于创业活动的想法，即知识外溢及人力资本投资是经济发展过程的中心。例如，Schmitz（1989）开发了一个模型。这一模型可以预测创业者比例的增加而引起的长期经济增长。Krugman（1991）也认为，企业的集聚，特别是工业化产生的知识外溢使新企业成立变成可能。因此，知识外溢和企业家在区域积累中掌握的知识促进了国内经济的增长（Audretsch, 1995）。

　　Birch（1979）的研究表明，在美国，小型新创企业提供了主要的就业机会。Acs（1984）指出，小型企业是产业创新的主要推动者。Blau（1987）分析了从1948-1982年美国非农业雇佣中的男女比例，从1948年到1970年，趋势是下降的，因为少数人认为创业是一种生存方式。这种趋势在1970年到1982年开始改变，因为选择创业的男女比例都开始上升。Blau（1987）认为，这种对创业趋势的扭转可能是由很多原因造成的，如有利于小公司创业的环境变化，相对价格的改变，或使自谋职业比薪金收入更加有吸引力的边际税收政策。Shane（1996）认为，美国的创业率从1960-1980年开始增加。此外，从1970-1980年，23个OECD国家中有15个国家自谋职业率不断增加（Acs, Audresch, & Evans, 1994）。其时，失业正在OECD国家中增加，因为一些制造性工业正在转移到其他国家中去。这些国家的自谋职业开始成为减少失业和促进经济发展的有效方法。因此，对于研究人员来说，由熊彼特第二制度到第一制度的转变意味着，探索创业对经济发展的影响是很重要的。

在跨国的研究中，依靠从全球创业观察和世界经济论坛中得到的数据，Tang 和 Koveos（2004）认为，新企业的建立往往与经济发展同时进行。他们的研究结果表明，一个国家所有的创业活动是与 GDP 的增长正相关的。与此相反，他们还发现，包含创新的创业活动，在高收入国家中与经济发展是负相关的。在一个类似的研究中，Van Stel 等（2005）使用 GEM 数据，分析了创业活动在 36 个国家中对经济增长的影响，这分别由所有创业活动和 GDP 的增长来衡量。

值得注意的是，Carree 等人（2002）研究了从 1976 年到 1996 年 23 个 OECD 国家中的经济发展和企业所有权的关系。他们的模型提出，人均国内生产总值的变化是企业拥有人均劳动力数量的函数。他们的研究结果表明，企业业主的数量和经济发展所处的阶段之间有一个长期均衡的关系。

另外，认为二者存在反向关系的研究认为，经济发展促进了创业活动（Wennekers et al., 2005）。这一论点在 Solow（1956）和 Romer（1986）的模型中得到了解释，发展的反向因果关系造成了创业活动或是新公司的创建。Wennekers 等（2005）使用了两项经济发展的指标，即人均收入和创新能力指数，并收集了来自 36 个国家新创企业的 GEM 数据进行研究。结果表明，创业活动在比较发达的国家对经济发展更加具有显著性。他们认为，需要更多地在研发方面进行投资，鼓励创业者，利用风险资本以支持这些国家的创业活动。另一方面，他们认为，低收入国家可能需要制定政策，以刺激原有的企业增强竞争力。这可以促进国家经济有更大的发展，但也有可能会减少未来的创业活动。由此可见，创业与经济发展和成长是相辅相成的。

总之，文献中提出的理论观点和经验证明，建立创业和经济发展之间的联系以及创业和经济增长之间的联系是很有必要的。虽然经济增长和经济发展之间的一些方法和概念可能存在区别，例如内生增长理论和创业的知识溢出理论认识到，个人可以通过知识外溢来理解创业理念传播和创新的重要作用。在这方面，Kirzner（1973）认为，创业知识保障创业者对于市场中其他人没发现的机会保持警觉。因此，可以预计，创业，作为一种知识传播形式，是一个特定地区经济增长和经济发展的重要因素。

3.6 创业、经济发展与经济增长关系模型及假设

前文已经阐述了促进一个区域新企业创建以及创业与经济发展和经济增长之间的直接关系。讨论的核心是驱动个体创业的特定条件（Minnitti & Bygrave，1999）以及对于新企业创建来说至关重要的区域内知识溢出的观点（Audretsch，1995；Jacobs，1969；Romer，1986）。本书下面就对变量之间的基本研究假设以及提出假设的依据进行论证分析。

从 Minnitti 和 Bygrave（1999）的框架与经济发展和增长理论中产生了五个重要的需要考虑的因素。

首先，我们可以超越个体层面来分析由 Minnitti 和 Bygrave（1999，2000）开发并拓展的框架。这个框架可以用于宏观层面，即用于分析区域的发展和国家的发展情况。

其次，创业活动中产生的知识可以促进特定区域的新企业创建。由于知识在地理上是集中的（Audretsch & Feldman，1996；

Krugman，1991），知识会从产业和已创建的公司溢出，以便于个体可以使用知识创建新企业。另外，有迹象表明，利用特定产业以前的知识会对识别盈利机会发挥重要作用（Shane，2000）。

再次，一个区域的人口统计学因素构成可以作为影响创业的指标。

接着，一个区域经济因素的客观评价会影响个体开发盈利机会的渴望，因为一些地区会比其他地区产生更多的机会。

最后，新企业创建会促进经济发展和区域增长。在发展方面，新企业会为市场带来创新，有利于该区域关注以及提高生活质量（Rocha，2004），由这些新企业创造的知识也会带来区域的发展。在增长方面，新企业是就业的源泉并保障了区域内生产力的提高。

这些考虑在概念模型中有所阐述，我们将在两个水平上分析这五个要素。图 3.1 指出，在结构水平上的这个模型中、新企业创建调节了 A 和 B 的关系，A 包括人口统计学构成，经济因素以及先前的创业活动，B 包括经济发展和经济增长。人口统计学构成反映在四个指标上，即文化多样性、熟练劳动力、人口自然增长（出生减去死亡）和外来者。经济因素反映在四个指标上，即基础设施的水平、收入水平、失业率以及贫困程度。结构模型用以下的结构方程表示：

$$\eta_{EG} = B\eta_{NV} + \Gamma_1\xi_{DC} + \Gamma_2\xi_{EF} + \Gamma_3\xi_{EA} + \zeta \tag{3.1}$$

$$\eta_{ED} = B\eta_{NV} + \Gamma_1\xi_{DC} + \Gamma_2\xi_{EF} + \Gamma_3\xi_{EA} + \zeta \tag{3.2}$$

η_{EG} 代表经济增长，η_{ED} 代表经济发展，η_{NV} 代表新企业创建，ξ_{DC} 代表人口统计学构成，ξ_{EF} 代表经济因素，ξ_{EA} 代表创业活动，B 和 Γ 分别代表 beta 和 gamma 系数，ζ 是 ξ_{DC}、ξ_{EF} 和 ξ_{EA} 的不相关误差项。

3 研究模型与假设

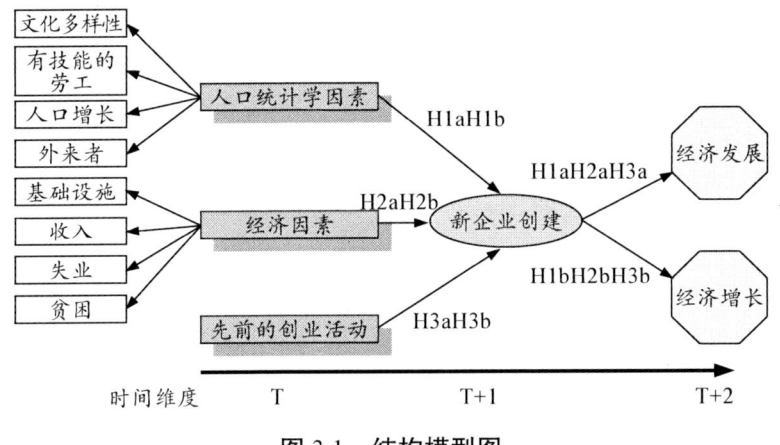

图 3.1 结构模型图

有一点很重要，就是阐明人口统计学构成和经济因素的指标在一定程度上是有着直接的关系的。此外，可以认为，一些经济因素指标可以被用来衡量特定时期的经济发展或者经济增长。事实上，该模型从区域内的已存条件（知识基础）出发确立了一个过程，即在该过程中所创建的新企业日后会影响经济发展和经济增长。从这个意义上说，我们可以通过从人口统计学构成、经济因素、区域内先前的创业活动的角度观察而确立一个知识基础的存在。这个知识基础可以被看作是区域内新企业形成的初始条件。一些区域可能比起其他区域拥有更优越的知识基础。由于知识在区域内新企业创建的过程中是溢出的，因此该区域应该会经历经济发展和增长上的变化。

结构模型中考虑的这个过程的开发是需要一段时间的（由时间 T 到 T + 1 再到 T + 2）。新企业创建的效果并非马上出现，因为并不是每一个新企业都能够克服新企业创建缺陷而马上显现创建效果（Stinchcombe，1965）。与 Birch（1987）的观点相一致，区域内运营中的企业的数量会有一个正的净剩值，因为新企业会替代那些关闭或者消亡的企业。于是，我们可以在时间 T 定义知识基础（人口统计学构成、经济因素、先前的创业活动）。这个知识基础会促进 T + 1 时点的新企业创建。接着，新企业创建对于经济发展和增长的效果在 T + 2 时点显现。在这个序列上，我们观察到一个区域的知识基础在 T + 3（图中未标示）时点会发生改变，因为经济增长和发展在 T + 2 时点上发生了改变。结果是，我们可以认为知识基础的所有指标都会有一个改善，尤其是 T + 3 时点上的经济因素。这正是新企业创建预期会为区域带来的好处，因为人口统计学构成会被改变，经济因素也会向好的方面改善。然而，模型没有考虑这最后的一部分，即从经济发展和增长到知识基础的反馈回路（feedback path）。

图 3.2 描述了在各个子指标层面上的分析模型。子指标水平的模型主要是基于 Minnitti 和 Bygrave（1999）框架的理论基础以及经济发展和增长理论建立的。这个模型指出人口统计学构成、经济因素、先前创业活动这些个体指标都会对区域内的新企业创建有直接的影响。于是，新企业创建对经济发展和增长具有直接的作用。

指标层面的模型试图从细节上抓住人口统计学构成、经济因素、先前的创业活动这些单个指标在新企业创建上的直接作用。这在结构模型中体现明显，而且模型也描述了新企业创建在这些指标与经济发展和增长中间的中介作用。

尽管可以认为子指标水平的模型优于图 3.1 中描述的结构模型，指标水平的模型只是延续和拓展了 Minnitti 和 Bygrave（1999）的框架，而把一些指标和新企业创建间的关系考虑为非线性关系。这些关系是不可能在结构模型中得以体现的。因此，两个模型相比,指标水平的模型提供了一个更广泛的方法来描述推动新企业创建的条件以及新企业创建是怎样促进经济发展和经济增长的。

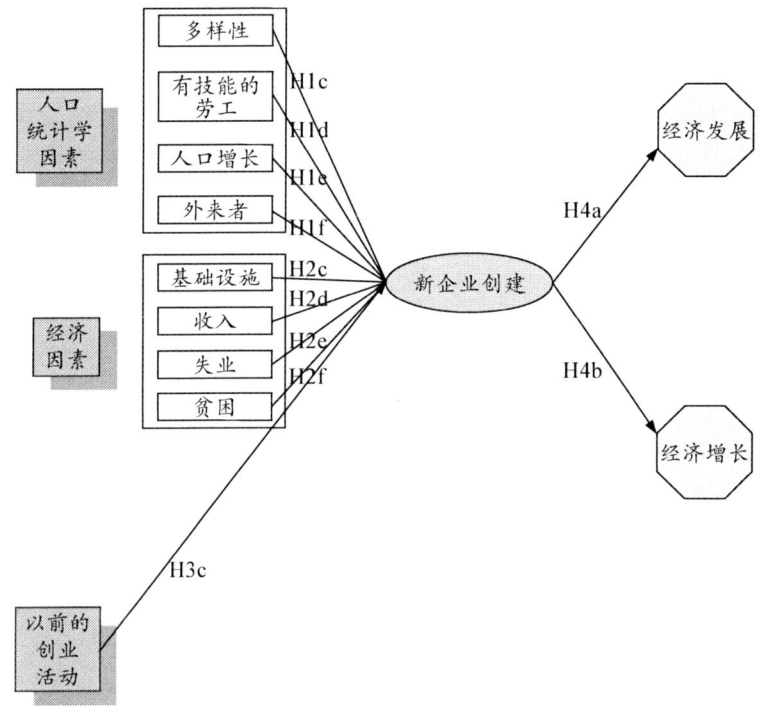

图 3.2　指标层面的概念模型

根据前面所绘图的假设,本书下面对各个假设进行论证分析。

3.6.1　人口统计学要素的相关假设

前两个假设(假设 1a 和假设 1b)评估了新企业创建对于特定区域的人口统计学构成以及经济发展和经济增长之间关系的中介作用。人口统计学构成反映了居住在一个区域内的人口的构成情况。本研究认为,人口统计学的各个要素包括人口的自然增长、外来者情况、熟练劳动力的可获得性以及文化多样性水平。

Minnitti 和 Bygrave（1999）认为，人口的构成可以作为一个区域内发掘创业机会的决定因素。他们解释说，人口可以被分为两组，可能参与创业的人群和选择参与其他类型活动的人群。一个区域内创业活动的比率因此由"成为创业者的主观回报与做其他事情的主观期望回报"之间的差距决定。创业率根据区域不同而不同，因为社会环境中对新企业创建可获得的资源的客观评价是有差异的。

区域内的人口统计学构成为评估新企业创建提供了主观和客观的依据。如，人口增长暗示了市场要提供更多的商品和服务（Chrisman，1985）。需求的增长可以为新企业创建提供机会。进一步说，Minnittih 和 Bygrave（1999）认为，区域制定一些政策来促进居民的创业活动是必要的。他们也解释了，随着人口在规模上的增长，如果很少的个体成为创业者，那么区域在创业文化上显示出的作用是非常小的，因为创业人数少，创业文化不明显。与之相反的是，积极地创建新企业的地区也会吸引其他地区的个体来此创业。此外，诸如文化多样性的原因或者一个地区是怎样创造机会促进创业活动的等也会影响创业。进一步说，区域内教育的水平可以表示区域内可获得的人力资本的水平，这也有利于实施创业活动。从这个意义上说，人口的这些统计学因素可以被个体用作识别新企业创建的机会。根据 Minnitti 和 Bygrave（1999）的研究，本书认为，人口的统计学构成在一定程度上导致了新企业形成。

人口统计学构成在特定区域与经济发展和经济增长相关。增长和发展的机会来自区域内的居民对可获得的知识基础的认识和开发。内生增长模型的支持者（Lucas，1988；Romer，1986）认为,知识是区域经济增长和发展的引擎。人们使用区域内已存的知识来增加产能和产量。Romer(1986)认为,增长来自于人们在区域内所做的促进利润最大化的活动。知识在地理上是集中的,知识的来源来自居住在区域内的人们的技能。也就是说,人口统计学构成可以作为知识如何产生的指标。Jacobs(1969)认为,享有多样人口的城市为人们互动和知识溢出提供了机会。这也暗示了来自不同背景的个体能够在他们的地区找到促进增长和发展的机会(Jacobs, 1969; Lucas, 1988)。另外,这些个体能够获得网络和关系,并利用他们的社会资本以寻找盈利机会。结果是,经济增长和发展的前景因个体间的互动和知识交换而不断向前推进。

以上描述了特定区域的人口统计学构成是如何影响新企业创建以及经济发展和经济增长的。根据内生增长模型(Romer, 1986),可以建立一个过程,即新企业创建联接区域的人口统计学构成和经济发展和经济增长。人口统计学构成包含区域的知识基础,在此知识基础上新企业创建的机会萌生出来,并在日后影响到经济发展和经济增长。根据Audrestch(1995)的观点,人们为了多种目的匹配区域内已存的可获得的知识。新企业创建是区域内知识溢出的一个结果。随着知识溢出以致创建新的企业,新知识也会萌生以促进区域内的经济发展和增长。新企业创建暗示了区域内有更多的创新活动会带来整个经济中的定量的和定性的变化。结果是,新企业创建便成为个体在区域内应用已存知识以促进经济发展和增长的方式。因此,提出以下假设:

假设1a:新企业创建在人口统计学构成和经济发展之间起到了中介作用。

假设1b:新企业创建在人口统计学构成和经济增长之间起到了中介作用。

以下部分会检验区域的人口统计学构成对于新企业创建的每个方面的关系。

(1) 文化多样性

假设 1c 检验了文化多样性对新企业创建的影响。确定人口多样性的一种方法就是地区在民族以及种族层面上的异质性或者同质性。同质的人口或民族会产生区域集体感，从而有利于促进创业行为的发生（Bygrave & Minniti, 2000）。

进一步说，同质的人口可以为那些希望开创新企业的人提供发展社会关系的机会。建立社会关系可以被理解成个体获取资源的良好意愿（Adler & Kwon, 2002）。社会资本来自社会知识的异质性，而知识又是存在于不同的个体当中（Adler & Kwon, 2002）。Portes（1998）认为，个体在与区域里其他成员互动的过程中发展社会资本。这为他们带来了发展新事业必不可少的网络支持。社会网络使得人们能够聚集信息以及依赖他人开发机会（Hills, Shrader & Lumpkin, 1999）并连接创业者和资源（Sexton & Bowman-Upton, 1991）。于是，一个同质的人口群会方便初始创业者创建社会网络。然而，Portes（1998）认为，在结构紧凑的社区里，社会资本会为新企业创建带来麻烦。人口的同质性抑制了创新思想的产生，因为信息流对所有人都是相似的。换句话说，就是可能社区里可获得的知识基础不足以支持新企业创建。尽管同质性社区对新企业创建有潜在支持，但创业者可能缺少必备的条件在那样的社区建立一个企业。结果是，太过于同质性的人口群对新企业创建没有贡献。而另一方面，异质性人口群可以在区域内产生广泛的活动辐射效应。Jacobs（1969）认为，城市作为一个吸引不同背景和创造性人才的开放体系，会促进新企业创建。

思想的多样性有利于信息交换和知识在人口中的溢出（Jacobs, 1969）。Lucas（1988）认为，城市吸收人力资本的功能可以促使新思想产生和经济实现增长。从这个意义上说，一个区域可以由不同种类的人群构成，他们从区域本身产生的知识中获益。这也可以为区域内创新活动的开发提供机会。

此外，文化多样性暗示了机会的多样性，有许多未被识别的机会等待人们去开发。这些机会得以产生是因为多样的人口带来了不同的品味、习惯和消费模式。在最近的一项研究中，Lee 等（2004）发现多样化的区域更富有创造力。这样的发现说明了这些区域对创业持开放性态度，因为创造力促进了商业理念的发展。从这个意义上说，区域的知识基础分布在多样化的人口中，这些知识基础促进了创业。一个区域多样的人口可能降低社区内消极地排他性效应（Portes, 1998）。消极排他意味着社区倾向于阻止那些社区外的人采取新的商业举措进行创业，因为这些人缺乏社会资本或者其他特征（如他们是新进入者）。

然而，太过异质性的人口也可能会对新企业创建产生消极的影响。一个高度多样化的人口群意味着区域会降低对新企业发展的支持。实际上，有着适度的文化多样性水平的人口群有利于支持更高水平的新企业创建活动。在适度的文化多样性上，人们会发现大量的社会资本以及有利于知识渗透的环境。但是，当人口的文化高度同质性或者异质性的时候，新企业创建水平会降低，而在适度的文化多样性水平上，它却会升高。这使得文化多样性和新企业创建之间的关系呈非线性关系。因此，第三个假设如下：

假设 1c：区域的文化多样性与新企业创建之间有一个非线性（∩型）的关系，尤其是，新企业创建率在过高或过低的文化多样性水平上会较低，而在适度的文化多样性水平上会较高。

(2) 熟练劳动力

假设 1d 检验了熟练劳动力在新企业创建上的作用。Begley 等（2005）认为，熟练劳动力对于新企业的创建和成功都是至关重要的。熟练劳动力可以等同于优秀人力资本，人力资本被定义为经济中掌握一项工作或者开启一项事业的技能性资本（Armington & Acs，2002）。技术技能可以在工作中学习（Arrow，1962）或者通过一定水平的教育来获得。进一步说，教育有助于提高熟练劳动力的质量，而这对区域创业是很重要的（Florida，2002）。实证研究结果表明，获得学士学位会加速个体追求自我雇佣和开办新事业的意向（Evans & Leighton，1989）。Armington 和 Acs（2002）发现了持有大学本科学位和新企业创建之间的显著关系。Lee 等（2004）发现了相似的结果。

内生增长理论认为，受过良好教育的、熟练的劳动力在特定区域内有利于提升新企业的创建。这个理论提到区域倾向于从知识密集型活动中获得增长（Lucas，1988；Romer，1994）。知识存在于个体中（Lucas，1988）。从这个角度讲，有知识的个体会创造更多的知识（Mathur，1999），既可用于创建新企业也可以溢出到有创业渴望的个体那里。知识的可获得性可以把那些经济成功的区域和其他没有占有大量熟练劳动力的区域区分开来。Bathelt（2001）认为，有着复杂的技术水平和研究能力的区域吸引了大量的新企业创建所需的知识。鉴于此，一些实证研究认为，一个特定区域里新知识的出现来自于熟练劳动力的可获得性（Audretsch & Feldman，1996）。这意味着，区域可以从熟练劳动力的活动中获益，因为新知识在人群中循环并被他们加以利用，创建新企业。结果是，熟练劳动力的人才库可以在区域内为新企业创建提供机会。因此，我们提出第四个假设：

假设 1d：区域内熟练劳动力的可获得性和新企业创建正相关。

（3）人口增长与外来人口

以下两个假设（假设 1e 和假设 1f）检验了人口的自然增长和区域外来人口是如何影响新企业创建的。

关于人口自然增长，Chrisman（1985）认为，区域人口的增长意味着需要更多的服务和商品。这些需求上的增长能够通过在区域内已存的公司来实现，也可以通过创业者创建企业来实现。对于后者，Reynolds 等（1994）认为，人口的变化和新公司的形成之间的正相关关系值得研究。

在人口自然增长方面，Chrisman（1985）描述了有几个因素对区域内人口的高出生率有所影响，诸如年龄和性别构成、个体的社会经济地位等等。人口增长意味着区域需要在物质和人力资本上投入更大的投资以为新生儿提供诸如医疗和教育这样的服务（Clausen，1985）。这就为新企业的创建提供了条件。

由于未来需求不断增加，新的企业不断创建。人口的不断增加会给一个地区带来更多的机会，而且更大的新型消费市场将会出现。这表明，新创办的企业，特别是在服务和零售行业，会极大地满足消费需求。例如，克里斯曼（1985）研究了 1970－1980 年之间零售业在格鲁吉亚的发展，他的研究表明，人口自然增长促进了人们对消费品的购买。克里斯曼等人（1992）在国家层面作进一步研究也发现了类似的结果。例如，人口自然增长与零售企业发展有着显著的联系。此外，在美国 154 个大城市研究中，Bull 和 Winter（1991）发现，65 岁以上的人口与商业机会之间的负相关关系关系。这一结果可以解释说，人口越老龄化，那么，越来越多的老龄人口会抑制新的企业创建。雷诺兹等人（1994）的研究表明，人口增长和美国公司创建率呈正相关关系。因此，本书第五个假设指出：

假设 1e：一个区域内通过自然增长方式实现的人口增长与新企业创建正相关。

外来人口对新企业形成可以有两个作用。一方面，外来人口是区域人口再分配的驱动力，可以增加特定区域的人口数量（Johnson et al.，2005）。人们迁入新的地区是因为原先的居住地缺乏工作机会（Wright，Ellis & Reibel，1997）；在完成一定水平的教育后需要更高的收入（Mills & Hazarika，2001）；或者偏好居住工作环境好或人口密度低的区域（Johnson et al.，2005），这些均会导致区域人口的变化。这种外来人口意味着商品和服务的需求会增加，从而为创业者打开了机会之门（Reynolds et al.，1994）。结果是，这些外来人口在新企业创建上的效应近似人口自然增长的效应。

另一方面，外来人口对于新企业形成有一个重要的作用，就是一些外来人口会选择在新的居住地成为创业者（Dennis，1986；Minniti & Bygrave，1999），因为这里环境优越，人文条件好。外来人口有利于增加区域的知识基础，因为他们带来了新的技能、知识和资源。从这个方面讲，外来人口对新企业创建有正向的作用（Bull & Winter，1991；Chrisman，1985；Chrisman et al.，1992；Dennis，1986）。这些研究都试图指出，一个区域的新进入者可能比有稳定工作的人更愿意创建新的企业。Minnitti 和 Bygrave（1999）也认为，一些区域可能具有频繁开创新企业的创业文化，因而会支持新进入者创业。这样的话，外来人口可能由于资源和创业的良好环境而被吸引到特定的区域来创建企业（Bull & Winter，1991）。

尽管可以认为有经济因素影响外来人口创业的决策，考虑到净外来人口对于新企业创建的独立效果是重要的。Chrisman 等（1992）研究了净外来人口的作用，而没有考虑经济因素，他们发现净外来人口在核心的、邻近的和边缘的县区会导致零售业的变化。这样的结果表明人口的动态方面对区域内出现的创业活动有一个直接的影响。尤其是，外来人口占有区域内可能不存在的知识库（如经验、技能等）。这些新的知识丰富了区域已存的知识基础，并增强了溢出的可能性和区域内的知识转移。随着新进入者带来这些新的知识，区域内新企业创建的速度加快。因此，本书的第六个假设如下：

假设 1f：区域的外来人口与新企业创建正相关。

3.6.2 经济因素的相关假设

假设 2a 和假设 2b 检验新企业创建如何中介特定区域环境中的经济因素与经济发展和增长之间的关系。本研究认为，经济因素，如基础设施、收入水平、失业和贫困，像之前描述的那样，这些经济指标可用于对一个地区经济发展水平的初步估计。而且，这些经济因素将影响一个区域内新企业的创建。

Minnitti 和 Bygrave（1999）认为，个人的创业选择决定于一个地区环境中现存的经济条件，尽管一些区域可能有相似的经济条件，跨区域创建新企业依赖于个体对区域存在哪些利于创业活动机会的认知（Minnitti & Bygrave，1999），这些发现意味着创业机会可能由经济条件来决定，如 Minnitti 和 Bygrave（1999）认为，创业是个人的决定，发达和不发达地区对创业者均有吸引力并吸引他们去创建新企业。Armington 和 Acs（2002）认为，不同的地区，如圣乔治、UT 和迈阿密，有相同的新公司创建的速度，区域间不同的是这些新公司对经济发展和增长的影响。

有经济优势条件的地区通常呈现高水平的创业活动。Krugman（1991）认为，制造业发展水平高的区域为新企业创建提供更多的机会，他认为这些地区有大量的劳动力、种类繁多的基础设施服务和能降低成本并出口物品到其他区域的规模经济效益。在这点上，某些产品的生产将集中在特定的区域（Krugman，1991）。例如，硅谷对高新科技公司有吸引力，而汽车工业大多集中在底特律（Ellison & Glaeser，1997）。然而，小规模的新企业想扩大生产规模有困难，因为它们受到已有公司的竞争威胁和现有资源的限制（Todtling & Wanzenbock，2003）。此外，新建小企业对区域生产力的边际贡献可能会受到限制，因为大公司在经济活动中占有主导地位，新建小公司与大公司的竞争来自于他们引入突破性创新的能力，Baumol（2004）认为，个体创业者在过去的两个世纪里把大量的革命性的想法引入市场，结果，尽管具有优势条件的区域允许新公司进入，但这些公司对区域经济发展的影响决定于它们的规模和范围。

另一方面，新创企业对不发达地区的影响更大一些，因为新的公司可以通过提供新产品、服务和工作来更新经济体系，此外，他们对区域生产力的边际贡献也将更有影响，然而，问题在于资源的可用性。较不发达地区可能缺乏促进公司发展的基础设施和服务，Bull 和 Winter（1991）表示，如果地区没有适当的条件，创业企业将会把他们的生意转移到更好的地方。同样，Reynolds 等人（1994）发现，较不发达地区与较发达地区相比有更低的新企业创建速率。这项研究表明，欠发达地区需要进口资源并建设更好的基础设施来吸引创业者创建新企业。

尽管一些区域被认为更适合创业，一个应该考虑的因素是这些新企业如何对区域的经济增长和经济发展作出贡献。像前面解释的一样,新企业创建是促进区域经济发展和经济增长的动力之一。Porter(1990)认为,区域因为新进入的企业带来了跨行业的创新而变得富有竞争力。这些创新增加了知识基础,一些企业需要这些知识以便在市场上保持竞争力。结果是,新企业创建带来了区域内经济的变化。

以上讨论解释了现有的经济因素对于吸引新企业来区域内发展以及新企业创建的作用,以此来说明新企业创建对经济发展和经济增长有的作用。新企业创建将带来区域内经济状况的变化,因为它创造就业机会,提升收入水平,在一定程度上降低贫困。因此,新企业创建调节了现有经济条件与经济发展和经济增长的关系,以至于改善了特定区域的经济状况。因此,本书提出:

假设2a:新企业创建在经济因素和经济发展之间起到了中介作用。

假设2b:新企业创建在经济因素和经济增长之间起到了中介作用。

以下部分检验了单个经济因素对新企业创建的影响。

(1)基础设施

假设2c评估了基础设施对新企业创建的影响。Maki 和 Lichty(2000)定义基础设施为一个社区基本的设备和服务,包括交通、通讯设备、电力系统、水力系统、垃圾处理装置、警察、学校、监狱等等。基础设施对于新企业发展是一个必要但不充分的条件,因为它决定于人们使用资源的能力和意愿以及资源对于需要它的人的可获得性(Maki & Lichty,2000)。重要的是要注意到新企业发展是一个动态的过程,在这个过程中特定区域会进行持续的基础设施投资。然而,也有一些静态的成分,比如一个区域内能吸引投资者的已存的基础设施。在已存基础设施方面,Gartner

（1985）认为，提供可获得的服务、交通设施、好的居住环境等对于新企业创建是很有帮助的。Birch（1987）认为，创业者会被吸引到具有较高教育资源、劳动力和政府的质量、远程通讯设备以及生活质量的地方。这些地点为新企业创建提供知识溢出。他认为，这些资源的可用性而非成本会指引创业者在特定的区域开启新事业，因为创业者需要基础设施来在该区域运营和竞争。Spetch（1993）认为，基础设施的丰裕程度，区域内基础设施资源的可获得数量（Castrogiovanni，1991）会对新企业创建的速率有重要影响。

这些讨论对于 Porter（1990）区域竞争优势的观点做了补充，即一些区域如果能够提供良好的基础设施，那么就能吸引新企业在此区域内创建（Porter，1990）。

在基础设施的动态方面，对已存的或者新的设备的投资能够使本区域对新企业更具吸引力。Porter（1990）指出，基础设施上的改善可以增强区域内运营的公司的竞争优势。为支持这一论点，Sanders（1993）承认对核心基础设施的投资是当地和中央政府必须做的一项职能。这种行为可以激励企业在该地区创建。因此，从以上分析中可以得出区域内基础设施系统的开发使得新企业创建成为可能。

同样，Romanelli（1989）发现通讯系统和信息可获得性与公司创建率呈正相关。Bull 和 Winter（1991）和 Reynolds 等（1994）指出，政府行为对于促进新企业发展仍然是必要的。另外，Reynolds 等（1994）认为政府需要在基础设施上投资。这些行为能够在新企业酝酿的过程中发挥作用。因此，新企业创建在对基础设施持续投资的区域是增加的。因此，本书认为：

假设2c：保持一定水平的基建投资与新企业创建正相关。

(2) 人均收入

研究者指出,人均收入代表了区域经济福利的一个指标(Getis, 1986, 1988; Lazear & Michael, 1980)。在经济发展文献中, 具有高人均收入的区域一般更加发达, 因为所有不同的人力资本指数以及区域繁荣程度都很高（Todaro, 2000）。可以认为, 具有更高人均收入的区域拥有能够吸引新公司的知识基础。进一步说, 随着区域内的人均收入增加, 可以获得更多的知识和资源来支持新企业创建（Spetch, 1993）。一些实证研究结果表明, 人们更可能在繁荣的地区创建新企业（Blanchflower & Oswald, 1998）。

另外, 低人均收入的区域也会为新企业创建提供机会。个体会选择把创业作为改善社会经济条件的一种手段。他们看到, 相对于失业或者低工资, 成为创业者的前景是非常有吸引力的（Folster, 2000; Noorderhaven et al., 2004）。尽管资源在该区域是稀缺的, 初始创业者仍然可以依赖个人的积蓄以及从亲戚朋友那里得来的金融支持来开展他们的业务（Blanchflower & Oswald, 1998）。一些实证研究表明低工资的人们更倾向于创业, 因为那样可以获得高回报（Evans & Leighton, 1989）。同时, 高利润的可能性也会促使人们去创业（Evans & Leighton, 1990）。因此, 新企业创建数量在那些低人均收入的地区是增加的。以上讨论意味着新企业创建在人均高收入和低收入的地区都是增加的。这意味着在人均收入和新企业创建之间存在着一个非线性的关系。起初, 新企业创建会随着人均收入的增加而减低。Noorderhaven等（2004）认为, 收入水平增加的区域使得一些人宁愿受雇于组织, 因为这些组织可能提供很有竞争力的薪酬。但他们也指出, 随着区域逐渐变得发达, 加薪的压力会增加。在这方面, Jovanovic（1979）认为, 工薪族宁可跳槽和新的雇主签约也不选择去创业是因为该区域仍然繁荣。结果是，该区域的经济发展不会促进新企业创建。

在另一方面，随着收入水平的提高，新企业创建会增加。具有更高收入水平的区域，随着这些区域被赋予丰厚的知识基础，为新企业创建提供了大量的知识机会。Noorderhaven 等（2004）也认为，全球化和技术的效用使得区域的新企业创建成为可能。Wennekers 等（2005）的研究表明，更发达的国家其人均收入较高，它从新企业的创新活动中得到的收益较大，这些创新给经济和国家带来了竞争力。由此可见，人均收入和新企业创建之间存在一个 U 型的关系。因此，本书认为：

假设 2d：一个区域的人均收入水平和新企业创建呈现非线性的关系（U 型）。即，在过低以及过高的人均收入水平上，比起适度的人均收入水平，新企业创建更加频繁。

（3）失业

Oxenfeldt（1943）指出，那些没有可能就业的失业人群更可能选择创业。Shapero 和 Sokol（1982）认为，失业加速了人们为自己工作的渴望。这样的个体拥有能够运用到创业上的知识基础和技能。Storey（1991）讨论了影响创业的拉力和推力因素。在第一种情形下，个体被拉入创业是由于他们感知到区域内的积极因素造成的盈利机会。这样的条件代表了比就业更好的前景。在第二种情形下，个体被推入创业是因为缺少就业机会。在这种情况下，市场萧条，个人除了创业并无其他选择（Storey，1991）。

一些实证研究倾向于支持失业和新企业创建之间的正向关系。如 Evans 和 Leighton（1990）证明了失业工人比就业的工人更可能创业。然而，这些失业的工人比那些就业工人去创业更有可能经历失败。Reynolds 等（1994）指出，失业率和失业上的变化都与新企业创建正相关。因此，失业对新企业创建有静态的和动态的影响。在瑞典进行的一项研究中，Folster（2000）认为，失业使得创业更有吸引力，或者为那些不能找到工作的人提供了一个新的选择。Carree 等（2002）估算了 OECD 国家的失业率每增长 1 个百分点，六年后的创业率就增长 6 个百分点。但是，Bull 和 Winter（1991）却发现，失业和创业活动之间呈现负相关关系。

尽管失业和新企业创建的关系看起来是正相关的，但也有人认为二者关系是非线性的，呈∩型。如，低失业率的区域意味着活跃的劳动力集中在已建立的公司。这等于是说新企业创建会降低。Hamilton（1989）认为，新企业创建和失业率存在一个∩型关系。当失业率增长时，区域内存在可发掘的盈利机会，人们就开始创业了。Hamilton 还发现，失业率达到 20%时，新企业创建就会开始下降。这个门槛为新企业创建制造了一个瓶颈。因此，过高的失业率不利于新企业形成。Reynolds 等（1994）认为，高水平的失业率意味着区域内更少的可支配收入，因而对于商品和服务的需求就会降低。这样的话，这种情形下的新企业创建的机会就会减少。在 1995 年的一项关于美国劳动力的创业活动的研究中，Reynolds 和他的同事们发现，高失业水平在预测短期的企业创建率上有一个负向的关系，而低失业率则是正相关的关系。结果是，Reynolds 等（1995）的发现有效证实了 Hamilton（1989）关于失业率和新企业创建之间的非线性关系存在的观点。因此，本书提出：

假设 2e：一个区域的失业率与新企业创建呈现非线性的关系。尤其是，新企业创建在过高以及过低的失业率水平上比起在适度的失业率水平上会更低。

(4) 贫困

创业文献忽视了贫困度对创业活动的影响。造成这种现象的原因是贫困水平与失业和低人均收入水平的密切关系。失业可能将导致贫困。低收入水平与贫困之间可能有高度的相关性。贫穷率是失业和收入水平之外的代表一个地区经济发展程度的直接指标。而且，一个地区高度贫困的存在表明该地区的经济发展水平较低，极可能处于经济萧条阶段。研究人员认为，创业的推广可以鼓励需要发展的地区发展新业务（Zacharakis，1999）。如前所述，可以说，新企业的创建最终可能会带来一个地区的繁荣，有更高的收入或降低贫困水平。然而，问题是已知的，即贫困水平如何影响新企业的创建，进而引起经济发展和经济增长的变化。

依靠新企业创建来促使一个高度贫困的地区实现繁荣是不现实的，因为由于贫困的存在，人的受教育水平不高，只可能有很少的知识溢出而且这些知识很难被人们吸收利用。根据 Romer（1986，1994）和 Audrestch（1995）的研究，新企业是知识溢出的产物，从而使受教育的人倾向于利用他们的技能来创业。而对于贫穷的人，他们缺乏技能，没有足够的社会资本以得到所需要的资源来创建一个新企业。另外，Corcoran 和 Adams（1997）认为，父母缺乏社会关系和资源，为孩子提供创业机会的能力不足，创业便不能进行。这意味着，一个高度的贫困地区，其创业活动的进行壁垒是存在的（Gartner，1985）。在这种情况下，企业家可能不鼓励在这些地区开展新业务，因为这些地区贫困率较高并且缺乏适当的资源进行操作。因此，在这些地区发现获利机会的前景是非常渺茫的。最终，在贫困率较高的地区新企业创建的几率较低。

类似的情形也会出现在贫困率较低的地区。根据 Lucas(1978)、

Iyigun 和 Owen（1998）的研究，新公司的前景在低贫困率地区也不会乐观。原因在于个人拥有工作和特定生活标准，不愿为创业而冒险。因此，创业前景变得不那么吸引人。可以预料的是，贫困率增加到某个点时，创业将增加。这意味着创业和贫困率之间有个∩型曲线的关系。因此，本书提出：

假设 2f：一个地区的贫困率与创业将有一个∩型曲线关系。确切地说，新企业创建将在低水平和高水平的贫穷比适度的贫穷更低迷。

3.6.3 先前的创业活动的相关假设

本节将介绍以下两方面内容。首先，探讨先前的创业活动怎样影响新企业的创建。然后，探讨新企业创建对先前的创业活动和经济发展与经济增长关系的中介作用。创业会创造更多创业的观点可以追溯到熊彼特（1934）的论述，他描述了新组织如何引起新的企业家以模仿的方式进入市场。熊彼特认为企业家以创新的方式扰乱市场，并且以新企业代替原来的老企业为他人提供机会。在相似的情况下，Kirzner（1973）描述了创业如何在市场进程中创造竞争力，因为企业家在预测不同价格差异时很容易发现盈利机会。此外，Schumpeter（1934）和 Kirzner（1973）均认为，由于新的企业家的进入，将减少由于原来占据垄断地位而获得的创业利润。

正如之前所说的那样，创业活动的出现是新企业创建的象征（Gartner，1985；Shapero & Sokol，1982）。Audrestch（1995）认为，知识溢出效应为区域新企业的创建创造了机会。率先在市场上出现的创业者利用这种知识，而后被新的企业家所获得，并利用其创建了新企业。由 Audrestch 和 Lehman（2005）在其以德国企业为样本的实证研究中指出，知识来源的利用效应就如同是大学对当地新创高科技企业的影响一样，创业者利用这些知识创建了新企业。这些研究结果也表明，这类创业活动对新企业创建的影响较大。

此外，这些外部因素，即先前的创业活动创造了区域内的创业历史，为新企业创建提供了更高的可能性（Bygrave & Minnitti，2000），即新企业会模仿先前的企业来创业。也就是说，被这种创业环境所影响的个体最有可能踏着社区中其他创建新企业成员的步伐进行创业活动。而且，社区中营造出的创业文化使得个体被当前创建新企业的企业家所激励。这样一来，创业就可以被看做是一个自我强化、路径依赖的现象。区域内先前的创业活动（Bygrave & Minnitti，2000）促使个人创建新企业。因此，先前的创业活动直接影响新企业创建。虽然还缺乏实证检验，但是已有文献支持以前的创业活动为新企业创建提供可能性这一论点。在对 1899 年至 1988 年美国创业速度的时间序列分析中，Shane（1996）认为前一年（时间 T-1）的创业速度对下一年（时间 T）的创业速度会产生很大的影响。此外，Armington 和 Acs（2002）提出的证据表明，美国的区域创业文化，尤其是已创业企业的存在所形成的文化，对制造业和零售业新企业的创建产生了积极影响。由于新企业创建进程是由个人的决策决定的，若将个人创业活动的影响积聚在一起，就会对区域的经济发展和增长产生影响（Bygrave & Minnitti，2000）。虽然这种积极效应在若干年后才会发生，但是新企业创建确实会改善区域的经济条件。由于创业水平营造了一种发现新的盈利机会的环境（Bygrave & Minnitti，2000），新企业创建代表了地区提升其生产力水平的媒介，这种生产力水平的提升是由区域内新知识的产生所导致的。这样的话，区域就可以通过多个创业团体的创业行为来改善其经济发展和增长情况。这就意味着，以现有创业活动水平为特征的现有知识基础促进了新企业的创建，由此又产生了新的知识，这种新知识能够改善当地的经济发展。因此，可以确定，新企业创建能够作为现有的知识基础和经济发展以及经济增长之间的关系的中介。以上的讨论是对以下三条假设的相关论证，这三条假设如下所示：

假设3a：新企业创建在区域先前的创业活动与经济发展之间起到了中介作用。

假设3b：新企业创建在区域先前的创业活动与经济增长之间起到了中介作用。

假设3c：区域内先前的创业活动与新企业创建正相关。

3.6.4 经济发展与增长的相关假设

如前所述，GRP（区域生产总值）的变化给经济发展带来质的变化，而就业变化则给经济增长带来量的变化。

经济发展理论（雅各布斯，1969；克鲁格曼，1991；Porter，1990；罗默，1986）都强调一个地区是如何通过企业创新发展的。他们的论点源于熊彼特（1934）所描述的有关如何通过重新组合使该地区发展这一观点。肯特（1982）认为，创新在改变社会经济结构以及人民生活水平方面发挥作用。鲍莫尔（1990）认为，在资源分配方面的创新行为对某一地区的创新和技术传播会产生直接影响。这意味着，人们将获益于新产品和服务的引进。此外，希尔和布伦南（2000）解释说，新企业在某地区的运营战略可以直接说明该地区是如何发展的。在这个问题上，创新企业进入高度竞争的行业将会改善整个区域的经济。然而，新公司促进经济发展的效应不能立即显现。长期来看是因为一些新企业创新能力不强进而导致企业不能长久生存（Stinchcombe，1965）。研究人员在欧洲进行的研究发现，该地区需要通过一段时间来容纳、接受涌入该地区的新公司（Audrestch et al.，2002；Van Stel & Storey，2004）。

研究者认为，创新技能和能力对区域的经济发展有直接的影响（Murphy et al.，1991；Smith，Glasson & Chadwick，2005）。这些体现为企业在该地区的经营和竞争能力。新企业在该地区某些经济部门通过运用知识的创新来改善经济因素（如贫穷、收入、失业等）并会为其带来质的变化（Wennekers，2005）。例如，Audrestch（1995）认为，新企业在行业中更为重要，因为他们拥有技术创新体制。这些公司的创新内容不仅对行业来说具有革命性，而且还在该地区促进了新知识的传播。此外，Fritsch 和 Mueller（2004）认为，新企业的进入能对该地区的发展产生长远影响。以德国为例，他们发现对新公司而言，提高竞争力，确保效率，加快结构的变化会对就业增长产生间接影响。此外，新企业的扩张和提高创新能力将在后期对该地区产生影响。Fristch 和 Mueller（2004）得出结论：这些效应有利于企业体制创新并促进了该区域的长期繁荣。如前所述，GRP 的变化意味着一个区域提高其生产水平，不仅有利于企业经营，还会对整个社会产生深远的影响。因此某地区新企业的创建将有助于提高该地区 GRP 并使该地区繁荣。因此，本书提出：

假设 4a：新企业的创建与该地区经济发展呈正相关关系。

研究者指出，新公司创建时对经济增长的影响是通过改变就业实现的（Acs & Armington，2004；Audretsch & Fritsch，1994，2002；Birch，1987；Fritsch，1997；Kirchhoff et al.，2002；Storey，1994；Van Stel & Storey，2004）。然而，新公司组建对经济增长的影响不会立即显现，是因为该影响具有一定的滞后性。例如，

Audretsch 和 Fristch（2002）发现，19世纪80年代在德国成立的公司在未来十年内改变了当地的就业率。Van Stel 和 Storey（2004）在英国获得了相同的结果，在英国新成立的公司在未来5年改变了当地的就业率。Fristch 和 Mueller（2004）更好地解释了滞后效应，他们认为，并非所有创建的新企业都能存活很长时间，具有创新性质的企业也在试图用其成熟或所拥有的技术替代原有的企业，这都需要时间。因此，新企业对经济增长的正面影响必须通过一段时间才能在该地区显现。新公司将创造新的就业机会，它需要雇佣各类人才来实现发展（Armington & Acs, 2002）。Murphy 等人（1991）认为，当个人通过创建新企业而发挥其才能的时候经济将快速增长。Acs 和 Armington（2004）运用美国的数据证明，1991年建立的公司导致1995—1996年的就业率增加26%。此外，成立于1995年的公司在1995—1996年雇佣了1991年1.5倍的就业人数。相比之下，研究人员在欧洲进行的研究发现，创业行为对就业的影响要滞后三年。这一调查表明，新成立的公司增长更快，对经济增长的影响作用更快显现。此外，他们还指出，创业多样性同经济增长正相关。从实证上看，Acs 和 Armington（2004）认为，新企业创新行为的外部经济效应将导致就业人数的增加。他们将企业的创业行为看作是经济增长的决定性因素。因此，当经济增长被认为是就业的变化时，新企业的创建便对经济增长产生了积极影响。因此，本书提出：

假设4b：新企业的创建与一个地区的经济增长呈正相关关系。

3.6.5 假设总结

本章从两个方面进行分析，描述了一个概念模型。首先，在结构模型中，新企业创建中介（a）人口组成、经济因素以及先前的创业活动与（b）经济发展和经济增长之间的关系。其次，在指标层级模型中，我们讨论了人口组成、经济因素和先前的创业活动的一些指标对新企业创建的影响，以及在某一个特定区域中，新企业创建如何影响经济发展和经济增长的。需要注意的是，指标层级模型表明在四项指标（文化多样性、人均收入、失业和贫困）和新企业创建之间存在着非线性关系。这些非线性关系在结构模型中是无法体现的。回顾文献，企业文化与经济发展理论能够解释这些指标间的关系。同时，也有人讨论了在现有条件下如何在一个区域内盛行知识基础，这可以解释在知识溢出效应下创业者如何获得机遇来创业。这些知识外溢可以在企业活动中产生，并在不久的将来推动区域经济的繁荣。

因此，本章提出的理论观点和经验的证据表明，新企业创建不仅能够建立区域中现存条件之间的联系，而且新公司建立后对该区域的经济增长和经济发展也会做出贡献。

概念模型分析了 Minnitti 和 Bygrave（1999，2000）基于宏观层面所开发的框架。尽管人口结构和经济因素的指标可以相互影响，该模型假设这些指标对新企业创建有直接的影响。在这个问题上，该模型可确定为一个过程，该过程出现了三个阶段的时间（从时间 T 到时间 T + 2）。一个更为复杂的关系和一个反馈回路，超出了这项研究的范围，本书不予研究。正如 Bygrave 和 Minnitti（2000）所描述的："……事实上，如果企业拥有一个能够自我增值的资产，那么它对于企业总体的影响水平会超过企业任何其他行为所创造的价值。"因此，新企业创建所带来的知识会使一个特定区域的经济在短期和长期内发生量和质的转变。

在下一章中，将简要介绍一下研究设计和变量的测量。

本章提出的具体假设见表 3.2 所示。

表 3.2 假设总结

假设编号	假设描述	假设性质
H1a	新企业创建在人口统计学构成和经济发展之间起到了中介作用	开拓性假设
H1b	新企业创建在人口统计学构成和经济增长之间起到了中介作用	开拓性假设
H1c	区域的文化多样性与新企业创建之间呈现非线性(∩型)的关系	开拓性假设
H1d	区域内熟练劳动力的可获得性和新企业创建正相关	验证性假设
H1e	区域内通过自然增长方式实现的人口增长与新企业创建正相关	开拓性假设
H1f	区域的外来人口与新企业创建正相关	开拓性假设
H2a	新企业创建在经济因素和经济发展之间起到了中介作用	开拓性假设
H2b	新企业创建在经济因素和经济增长之间起到了中介作用	开拓性假设
H2c	保持一定水平的基建投资与新企业创建正相关	验证性假设
H2d	区域的人均收入水平和新企业创建呈现非线性的关系(U型)	开拓性假设
H2e	区域的失业率与新企业创建呈现非线性的关系	开拓性假设
H2f	区域内的贫困率与创业呈现∩型曲线关系	开拓性假设
H3a	新企业创建在区域先前的创业活动与经济发展之间起到了中介作用	开拓性假设
H3b	新企业创建在区域先前的创业活动与经济增长之间起到了中介作用	开拓性假设
H3c	区域内先前的创业活动与新企业创建正相关	验证性假设
H4a	新企业创建与该地区经济发展呈正相关关系	验证性假设
H4b	新企业创建与该地区经济增长呈正相关关系	验证性假设

3.7 本章小结

本章基于第二章的基础理论，在对变量内涵进行分析的基础上，提出了变量之间的相关假设。

首先依据 Minnitti 和 Bygrave（1999，2000）的理论框架，分别对人口统计学要素和经济因素进行了分析。人口统计学因素其主要包括文化多样性、熟练劳工、人口的自然增长以及外来人口的变化等，而经济因素包括基础设施投资、人均收入水平、失业率和贫困率等。

先前的创业活动主要是指在本区域内以前的创业者创建企业的行为以及由此形成的创业精神。这对以后的创业活动具有重要的影响。先前的创业活动可以看做是本区域内的创业历史。历史是重要的，它使新成员融入社会中，这些人是可能成为创业者的人。因此，存在这样一个雪球效应，即创业活动将推动更多的个人进行新企业的创建。

接着，本书对创业与区域经济发展和增长的关系进行了简要分析。创业和经济发展与经济增长之间有着很强烈的关系。创业者在促进经济发展的创造性破坏的过程中扮演着重要的角色。

最后，在对文献回顾分析的基础上，本书提出了 17 条研究假设，涉及到人口统计学因素与区域经济发展与增长的关系、新企业创建的中介作用及其与经济发展与增长的关系，具体假设见表 3.1 所示。

4 研究设计及变量测度

在以上章节，本书就变量的内涵进行了定性研究，并依托相关基础理论，对变量之间的关系进行了假设。本章的主要内容就是在上述定性研究的基础上，对实证研究进行设计并进行各个变量的测量工具的开发，以确保其可操作性。因此，本章的目的就是描述本书的研究方法，可分为两个部分。首先，设计了数据的来源、分析单位和样本容量。其次，对研究中的变量测度作了简要的描述，主要有因变量、中介变量、自变量和控制变量。

4.1 研究设计

4.1.1 数据来源

本书的研究具有特殊性，需要整合统计年鉴数据，但是由于统计年鉴数据的缺失性，需要从其他渠道获取分析所需的数据，因此，本书实证研究所需的数据主要有两个来源：一是统计年鉴数据；二是其他来源数据。统计年鉴客观数据容易获得，而其他来源数据需要作者进一步搜集。

研究过新企业创建和经济发展与增长的研究人员趋向于依靠

二手资料数据进行分析。本书也采用信息数据库的二手资料，可以通过万维网很方便的查到。这些来源有中国人口普查网、中国县域网、县域商业模式、2006-2009中国统计年鉴、山东大学经济学院电子数据库、南开大学经济中国网数据、东北三省中小企业管理局数据、东北三省统计年鉴数据以及中国行政地图。在网上，数据是按照县级、大城市级和省级进行分类汇总的。

"中国人口普查网"是由中国人口普查管理局负责管理，由中国主管人口的政府机构主办的网站，它也是中国商业发展规划指标的一部分。它的主要任务是负责自1949年以来的人口普查，本研究统计时最近的一次人口普查在2000年3月。此外，中国人口普查管理局管理着一个关于中国县域的更全面的数据库网站censtats.census. gov.cn/cn.html。

"中国县域网"是一个编译来自中国人口普查局的数据信息的网站。这些数据主要来自对中国县域经济发展的统计。

山东大学经济学院电子数据库和南开大学经济中国网数据是国内目前统计数据最全的电子数据库，包含了1949年以来的中国经济发展的相关数据并提供了有关经济业务的最新数据。

中国行政地图是由中国产业地图编委会主编的对中国行政区域进行划分的资料，本书的研究主要参考其中关于东北三省的行政区域划分。

关于分析单位、研究人员采用几种不同类型的数据，如县、市、大城市区域或劳动市场领域（LMAs）。Chrisman（1985）采用乔治亚州所辖县的全部人口来进行研究，同样，Chrisman等人（1992）使用393个县的分层抽样来研究相关的人口增长和零售部门的企业创建以及就业等之间的关系。Bull和Winter（1991）使用154个大城市地区的企业杂志数据来衡量就业增长和新企业创建率。Glaeser 等人（1992）选取了 170 个美国最大城市的样本来研究城市经济增长特征。其他有关美国企业创建与经济增长的研究依赖于县域劳动市场领域的数据（Acs & Armington，2004；Armington & Acs，2002；Lee et al.，2004；Reynolds et al.，1995）。劳动市场领域是由美国农业部于 1990 年定义的，包括在同一区域人口的住宅情况和就业地点（Tolbert & Sizer，1990）。本书采用城市为分析单位。根据 Bull 和 Winter（1991）的研究，使用城市是因为获得这个分析级别的可比较的数据比较容易。县似乎是适当的分析单位，但是县域的数据很广，对于我们来说需要花费大量的时间和金钱来完成这项工作，而且，县域数据也难以收集完整。再者，县是一个考虑到乡村地区的更具包容性的分析单位，而乡村地区的创业现象在中国并不普遍，因此，本书将不考虑这种分析单位。此外，前一章的模型认为，相比于其他分析单位，使用城市能得到更好的社会效应，而且其辐射效应明显（Bull &Winter，1991）。而且，城市是中国各省的主要的划分区。

本研究收集中国东北三省所辖市全部人口数据以及企业创建数据。目前，数据较全、能够参与分析的城市有 30 个，具体参见表 4.1 所示。

4.1.2 确定样本容量

数据收集过程包括收集多种数据，并且努力使东北三省全体人口作为分析数据。然而，某些城市指标有缺失数据。对于缺失数据，利用 SPSS 13.0 进行列表分析，列出了研究中用到的 30 个城市的具体数据。

表 4.1 参与分析的市级数据

省份	包含的市总数	样本中所用数	%
辽宁	14(沈阳、大连、鞍山、抚顺、本溪、丹东、锦州、营口、阜新、辽阳、盘锦、铁岭、朝阳、葫芦岛)	11(丹东、辽阳和朝阳由于缺乏数据而被剔除)	78.6
吉林	9(长春、吉林、四平、通化、延边朝鲜族自治州、辽源、松原、白城、白山)	8(延边朝鲜族自治州除外)	88.9
黑龙江	13(哈尔滨、齐齐哈尔、鸡西、鹤岗、双鸭山、大庆、伊春、佳木斯、七台河、牡丹江、黑河、绥化、大兴安岭地区)	11(黑河和大兴安岭地区由于缺乏数据而被剔除)	84.6
合计	36	30	83.3

对所有数据进行正态分布检验。这些检验表明,一些测量指标,包括因变量,是不服从正态分布的,因此用多元回归分析进行假设检验是合适的(Hair, Anderson, Tatham, & Black, 2001)。尽管对数据进行了转换,但正态分布问题一直存在,特别是一些测度的斜度和峰态超出了 -3 到 3 的范围,一些研究人员认为用这个范围来确定某一特定变量是否服从正态分布是合适的(Aczel & Sounderpandian, 2002)。Lynch(2003)认为,正态性假设对于因变量非常关键,但在决定转换因变量之前,需要对自变量和控制变量进行转换。

Lynch(2003)对数据进行了一系列的探索性回归分析,以避免对因变量进行转换,这样会破坏数据的效度。对回归残差进行分析来检查异常值。Hair 等人(2001)提出建议,标准残差超

出 -3 至 3 的范围被认为是异常值。将这些值从数据库分离出来，对剩余值进行正态检验。经过三次迭代（例如进行回归分析，评价标准误差，去除观察值和运行正态测试来检查斜度和峰态），最终样本量为 30 个城市。表 4-1 介绍了样本中包括的城市数目。

4.2 测量工具开发

如前所述，对一些测度通过转换来达到正态分布，实现数据度量的统一。根据 Tabachnick（1996）的建议，自然对数和相反数是转换测度的两种常用方法。

另外，值得注意的是，前一章的模型考虑了三个时间段。因此，这些测度需要解释时间滞后的问题，因为人口普查数据是自 2002 年开始的。因此，自变量是从 2002 年开始的，中介变量的变化是从 2004-2006 年的，因变量的变化采用的是 2006-2008 年之间经济发展和经济增长的数据。在美国的研究应用 1 年、2 年、3 年和 5 年的时间段估计创业活动的净变化与经济增长。例如，Armington 和 Acs（2002）估计了 1994-1996 年新企业创建的情况。Acs 和 Armington（2004）估计的就业增长和创业活动包括 3 年段（1990-1993 年间，1993-1996 年）以及从 1995 年到 1996 年一年段的成长。因此，本书根据上述研究，结合中国的情况，采用了表 4-2 所示的研究方法。

另外，因变量和中介变量是以绝对值（例如名义改变），而不是相对值（例如变化率）来测量估计来自城市的数据。同时，这些测度也反映了他们的理论定义并和之前的研究是一致的。

4.2.1 因变量的测度

4.2.1.1 经济发展的测量

本书使用一个单项指标衡量经济发展。研究者们使用国内生产总值（GDP）的区域化指标的改变来衡量一个地区的经济发展（Carree et al., 2002；Flamang, 1979）。由于分析单位（unit of analysis）的原因，没有有效的统计数值可用来描述城市生产总值（GCP），类似的数据通常用在程度更高的级别来描述生产总值，如省或国家。因此，下面的公式是用来估计 2006 年至 2008 年市级生产总值（GCP：gross city product）的绝对变化，以此来衡量经济发展。

$$\frac{GPP2008 \times CE2008}{TEP2008} - \frac{GPP2006 \times CE2006}{TEP2006} \quad (4.1)$$

GPP 代表 2008 年和 2006 年的省生产总值，CE2008 和 CE2006 代表 2008 年和 2006 年市的员工总人数，TEP2008 和 TEP2006 代表在 2008 年和 2006 年省的员工总人数（Erick, 2007）。

根据这个公式，GCP 的变化是由 GPP 的估计值衍生出来的，而中国各省统计局每年都会计算中国所有省区的 GPP 值。为了计算城市值，用 GPP（以百万元为单位）除以每个省的总员工人数，结果是每个省的单位员工的 GPP。这个数值再乘以某城市的员工总人数，就得到了 2006 年和 2008 年的 GCP。

因为在统计年鉴中有 2006 年和 2008 年城市的人口普查数据，所以本书可以进行人均水平计算。值得注意的是，这个测度是以绝对值估计的。因此，估计的 GCP 可作为确立城市生产力水平的代理指标。使用绝对的变化而不是相对的变化（GCP 变化率）来衡量生产活动中价值的增加。GPP 的数据来自中国统计局网站和中国统计年鉴，就业数据来自各省统计年鉴数据。

4.2.1.2 经济增长的测量

本书也使用一个单项指标来衡量经济增长。以前的研究使用就业的变化作为衡量一个区域经济增长的指标(Audretsch & Fritsch, 2002; Fritsch & Mueller, 2004; Kirchhoff et al., 2002; Van Stel et al., 2005; Van Stel & Storey, 2004)。在类似的条件下,使用 2006 年到 2008 年市的就业变化作为衡量经济增长的指标。为了维持与经济发展水平的一致性,我们使用绝对值的变化。此外,衡量就业人数的增加量并观察是否经济正在增长是很重要的。数据来自统计年鉴数据。下面的公式用于测量经济增长:

$$2008 年就业量 - 2006 年就业量 \qquad (4.2)$$

这个数值是以千名雇员为单位计算的。由此可见,这个测度(4.2)是与经济发展的测度(4.1)密切相关的,因为两个计算公式都包括就业数据。然而,如之前的研究中所讨论(Flammang, 1979; Rocha, 2004; Todaro, 2000),经济发展和经济增长是高度相关的。因此,可以预料两个指标相关性较强。

4.2.2 中介变量的测度

本书使用一个单项指标来衡量新企业创建。这个数据来自于网站数据以及统计年鉴客观数据。网站数据主要是由山东大学和南开大学对数据进行整理和编译的。因此,使用机构而不是企业来构建这个测度是合理的。使用机构而非企业或公司意味着一个现有的公司可以开创一个新领域(机构),加入现有的商业运营中。这是与第一章中创业的定义是一致的。根据中国人口普查网的数据(2002),"……一个机构是一个单一的实体单位,在此进行商业运作或服务。它并不一定等同于一个公司或企业,公司或企业包括一个或多个机构。当两个以上活动是在同一领域进行,并具有单一的所有权,那么所有活动将被组合在一起成为一个单一的机构。整个机构在它主要活动的基础上进行分类,所有数据都包含在这个分类中"。

而且,数据库中包含的机构是那些报告雇员数量的企业,从而使这个数量与前述经济发展和增长的测度一致。

如前面所讨论,Birch(1987)认为,新企业创建能够使一个地区实现净变化(net change),因为新的公司替代了那些已停止运作的企业,实现了区域企业数量的变化。在这个问题上,如果我们认为公司消亡不随时间变化(Birch,1987),则新企业形成的净变化可近似于新企业创建。在这样的条件下,衡量 2004 年到 2006 年的新企业创建可使用下面的公式:

$$2006 年企业创建数量 - 2004 年企业创建数量 \quad (4.3)$$

这个数值是以千为单位计算的。这个公式计算了在每个城市创建的新企业的净变化。通过企业数量绝对值的变化,维持了与经济发展和经济增长测度的一致性。此外,绝对变化反映了第一章定义的新企业创建(Gartner,1985)。

4.2.3 自变量的测度

4.2.3.1 *先前的创业活动的测量*

本书使用一个单项指标来衡量先前的创业活动。为保持 Minnitti 和 Bygrave(1999)关于已有创业活动促进新企业创建的观点,先前的创业活动的测度描绘了新创企业测度之前的新机构的净改变。因此,公式如下:

$$2004 年的企业数量 - 2002 年的企业数量 \quad (4.4)$$

这个数值是以千为单位计算的。而且,这个测度不仅与先前的测度一致,还符合第一章中创业的定义。数据来自中国统计年鉴和各省统计年鉴。使用自然对数来实现正态分布（Tabachnick，1996）。

4.2.3.2 人口统计学要素的测量

本书使用四个指标来衡量这个变量，即熟练劳动力、文化多样性、人口自然增长（新生人口减去死亡人口）、外来人口数，并且，这些指标是独立使用的。

（1）文化多样性

使用 Blau 异质性指数评估 2002 年城市的文化多样性水平。在这种情况下，民族或种族构成成为衡量人口文化多样性的一个组成部分。Blau 指数一贯用来衡量多样性（Richard et al, 2004）。该指数如下面的公式所示：

$$1-\sum p_i^2 \qquad (4.5)$$

p 代表一个类别所占的比例，i 是类别数。理论上说，这个指数范围从 0 到 0.80，而值超过 0.25 则反映相对较高的异质性（Blau，1977；Richard et al., 2004）。因为此模型中至少有三个类别指数才是有效的，所以使用各省人数最多的四个民族来参与上述分析。可以看出，这些类别提供了一个文化组成，因为每个种族群体有它自己的种族背景和文化轮廓。这个数据来自中国人口普查网以及各省行政地图数据。同时，用二次方来检验曲线的效果。

（2）熟练劳工

根据之前的研究（Lee et al., 2004），使用 2002 年拥有大学学历的人口比例来衡量城市的可用熟练劳动力。大学学历是进行一项商务技术所需要的（Armington & Acs, 2002）。这些数据来自中国人口普查网和各省统计年鉴。为了达到正态，使用相反数来转换这个测度（Tabachnick，1996）。该测度被调整是因为相反数逆转了与其他变量之间的关系。调整主要是对每个观测值加上测度的最大值，其结果与原数据是正相关的。

（3）人口自然增长

根据之前的研究（Armington & Acs，2002；Chrisman，1985；Chrisman et al.，1992；Lee et al.，2004），数据来自中国统计年鉴资料以及网络数据，显示了2002年到2004年城市的人口自然增长率（出生率减死亡率）。

（4）外来人口数

根据之前的研究（Chrisman，1985；Chrisman et al.，1992），本书搜集了2002—2004年的外来人口数据。数据来自中国统计年鉴资料、网络数据以及中国人口普查网编译的信息。外来人口数代表迁入该城市的人数减去迁出的人数。这个测度不服从正态分布。尽管使用各种方法转换，非正态问题还是存在。为了达到正态，这个测度被构建为一个分类变量。先将全部净迁移的数据（30个观测值）按从小到大排列，然后分成五个不同的类别（从1到5），每个类别占20%。由于先前解释过数据的筛选删除规则，故在表4.2分布如下。第三栏代表每个类别的净迁移的均值。

表4.2 净迁移测量的频率

类别	样本量	均值
1	7	−12
2	5	16
3	6	−19
4	5	12
5	7	−21
合计	30	13

4.2.3.3 经济要素的测量

本书用四个指标来衡量这个变量：基础设施、人均收入、失业率和贫困率。这些指标是独立使用的。

（1）基础设施

可用一些指标衡量城市基础设施水平。例如，Bull 和 Winter（1991）使用在修筑公路上的投资金额，Reynolds 等人（1994）使用当地政府支出作为指标。类似的条件下，根据 Reynolds 等人（1994）的方法收集 2002 年城市的数据。这样，城市的支出可以用来估计一个城市是如何选择投资于基础设施的，如公路、教育计划、电信等。然而，中国各省管理部门并不是都报告了相关数据。作为替代，中国统计年鉴提供了政府 2002 财政年度开支总额。政府的开支反映了每个城市的收入来源。例如，在 1996-1997 年，吉林省吉林市的开支总额占收入总额的 15%。这样，使用他们的收入，城市投资于不同种类的基础设施项目。因此，2004 年的各市政府支出可作为基础设施的指标。这里可使用自然对数来实现正态分布（Tabachnick，1996）。

（2）人均收入

该数据来自中国统计年鉴和各省统计年鉴，衡量 2004 年城市人均收入水平。用超过 18 岁的所有人口总收益除以城市的人口总数得到的就是人均收入（U. S. Census Bureau，2006a）。这里可使用人均收入的自然对数来实现正态分布。同时，用二次方来检验曲线效果。

（3）失业率

该数据来自中国统计年鉴和各省统计年鉴，来衡量 2004 年城市的失业水平。中国劳动统计局编译来自当地失业统计数据。为了实现正态分布，使用失业率的相反数。该测度按照前面熟练劳动力所解释的程序调整。同时，用二次方检验曲线效果。

（4）贫困率

该数据来自各省统计年鉴以及网络数据，用 2004 年城市各年龄段生活在贫困线以下的人口比例来衡量。同时，用二次方检验曲线效果。

4.2.4 控制变量的测度

（1）人口密度

以前的研究使用这个变量作为控制变量是因为它对创业和总就业人数的影响（Audrestch & Fritsch, 2002; Reynolds et al., 1995）。这个变量是用来控制城市的规模的。数据来自中国统计年鉴和中国行政地图。本书使用自然对数来实现正态分布。

（2）产业分布

可利用获得的数据来计算区域内在零售业、制造业和服务业创建新企业的比例。先前的研究已经确立了需要使用产业变量控制其对新企业创建的影响（Armington & Acs, 2002; Chrisman, Bauerschmidt, & Hofer, 1998）。本书使用哑变量来对其进行分类度量。

（3）区域分布

研究表明，不同地区的创新有地域差异，可能影响他们的创业活动和经济增长水平（Audretsch & Feldman, 1996）。因此，根据已确立的分类变量可识别区域的分类（Chrisman, Chua, & Steier, 2002）。据此，东北三省也依据以上说明来进行区域的分类，用 0 表示辽宁省，用 1 表示吉林省，用 2 表示黑龙江省。表 4.3 比较了不同区域城市的样本和人口比例。

表 4.3 样本中城市的区域分布(2007年数据,单位:万人)

区域	样本	总人口	百分比(%)
辽宁	3539.5	4298	82.4
吉林	2516	2734	92
黑龙江	3589	3816	94
总计	9644.5	10848	88.9

表 4.4 总结了用于数据分析的测度。包括描述该测度及其数值与文献来源。

表 4.4 研究中用到的测度列表

指标	描述	数据来源	参考文献来源
因变量			
经济发展	2006-2008年全市生产总值的变化值（百万元）	2006-2009中国统计年鉴,山东大学经济学院电子数据库	Carree 等(2002)
经济增长	2006-2008年各市雇员人数变化(千人)	2006-2008 统计年鉴	Audretsch & Fritsch (2002);Fritsch & Mueller(2004);Storey 等(2004)
中介变量			
新企业创建	2004-2006年各市新建企业数的变化	东北三省中小企业管理局数据	Birch(1987);Gartner(1985)
自变量			
先前的创业活动	2002-2004年各市新建企业数变化,利用自然对数转换	东北三省中小企业管理局数据	Birch(1987);Gartner(1985);Minnitti & Bygrave(1999)

续表

指标	描述	数据来源	参考文献来源
人口统计学因素			
文化多样性	Blau 所设计的民族或种族的异质性指标	东北三省统计年鉴以及各省统计局调研	Blau(1977);Richard 等(2004)
熟练劳工	2004年大学毕业生人数比例,用倒数计算	东北三省统计年鉴以及各省统计局调研	Armington & Acs(2002);Lee 等(2004)
区域内人口的自然增长	1994—2004年人口的变化率(出生人数—死亡人数)	南开大学经济中国网和山东大学经济学院电子数据库,东北三省统计年鉴	Armington & Acs(2002);Chrisman 等(1992)
外来人口	1994—2004年纯外来人口数,用分类变量表示	各省统计局和中国人口普查网(此数据为大概数据,年鉴中缺失)	Lee et al.(2004);Reynolds 等(1995)
经济因素			
基础设施	政府在04年基建投资数,用自然对数转换	东北三省统计年鉴	Reynolds 等(1994)
人均收入	2004年平均人均收入的均值,用自然对数转换	东北三省统计年鉴	Bull & Winter(1991)
失业率	2004年平均失业率,用倒数转换	东北三省统计年鉴	Bull & Winter(1991);Reynolds 等(1995)

续表

指标	描述	数据来源	参考文献来源
贫困率	2004年平均贫困率	东北三省统计年鉴以及各省统计局调研	Partridge & Rickman(2005)
控制变量			
人口密度	每平方公里人口数,用自然对数转换	中国行政地图、东北三省统计年鉴(经作者计算)	Audretsch & Fritsch (2002)
零售业	2002-04零售业平均新建企业数	东北三省统计年鉴	Armington & Acs(2002); Reynolds等(1995)
服务业	2002-04服务业平均新建企业数	东北三省统计年鉴	同上
制造业	2002-04制造业平均新建企业数	东北三省统计年鉴	同上
辽宁	分类变量,用于说明位于辽宁省内的各市	中国行政地图	Chrisman等(2002)
吉林	分类变量,用于说明位于吉林省内的各市	中国行政地图	同上
黑龙江	分类变量,用于说明位于黑龙江省内的各市	中国行政地图	同上

注:本书所用数据均来自于:①中国统计年鉴.中国统计出版社,2006-2009;②辽宁、吉林、黑龙江三省统计年鉴.中国统计出版社,2006-2009;③东北三省中小企业管理局数据;④南开大学经济中国网(www.econchina.org.cn)和山东大学经济学院电子数据库(www.eco.sdu.edu.cn);⑤中国行政地图;⑥中国人口普查网。

4.3　本章小结

本章的主要内容是对研究进行设计并对变量进行测度，以满足后面实证研究的需要。

（1）说明了本书研究具有的特殊性，需要整合统计年鉴数据，但是由于统计年鉴数据的缺失性，需要从其他渠道获取分析所需的数据，因此，本书实证研究所需的数据主要有两个来源：一是统计年鉴数据；二是其他来源数据。统计年鉴客观数据容易获得，而其他来源数据需要作者进一步搜集。

（2）确定样本容量，数据主要来源于东北三省，所用样本所含人口数占到人口总数的89%，样本比较合理，具有代表性。

（3）分别对因变量（经济发展和经济增长）、中介变量（新企业创建）、自变量（人口统计学要素、经济要素、先前的创业活动情况）以及控制变量（人口密度、产业分布和区域分布）进行了测度，并重点介绍了年度数据的选择问题。

这些工作均为下一章的实证研究奠定了基础。

5 实证研究

本章的目的是通过使用中国东北三省 30 个城市的样本数据来进行实证研究。本章将检验所提出的假设的验证结果。首先，分析了样本的特征，对描述性统计和相关性分析进行了简要检验。其次，验证了有关子指标模型（图 3.2）假设的结果。第三，给出了有关结构模型测验（图 3.1）的结果。最后，总结了研究结果。

5.1 样本特征

正如第三章和第四章所讨论的,通过对数据进行初步的评估，将数据进行转换（通过 Spss13.0 实现），确保各个变量保持正态分布。此外，本书进行了探索回归分析，发现转换后的数据符合后续分析的而要求，因而这些数据被保留，不做个别删除。此外，多重共线性的问题可以通过均值中心化（mean-centered）得到解决。30 个城市的样本代表了来自中国东北三省88.9%的人口。表5.1 是均值中心化之前的描述性统计结果。

表 5.1 描述统计结果（N = 30）

指标	最小值	最大值	平均值	标准值
1.经济增长（以千名员工计）	-1.40	2.43	0.10	0.41
2.经济发展（以百万元计）	-88.36	395.79	61.67	74/02
3.新企业创建	-69	130	5.96	24.53
4.先前的创业活动	6.06	6.64	6.28	0.04
5.文化多样性	0.01	0.70	0.23	0.18
6.熟练劳动力	0.01	18.67	12.50	2.64
7.人口增长	-0.12	0.34	0.02	0.05
8.外来人口	1.00	10.00	4.98	2.42
9.基础建设	0.71	7.61	4.43	0.87
10.人均收入	9.17	11.11	9.96	0.18
11.失业率	2.82	59.17	18.77	7.62
12.贫困率	0.04	0.42	0.14	0.06
13.人口密度	-3.22	8.33	3.16	1.35
14.制造业	0	0.21	0.05	0.03
15.零售业	0.09	0.05	0.24	0.04
16.服务业	0.13	0.75	0.38	0.06
17.辽宁（分类变量）	0	1	0.41	0.49
18.吉林（分类变量）	0	1	0.31	0.46
19.黑龙江（分类变量）	0	1	0.18	0.38

表 5.2 列出了在研究中使用的变量的相关性矩阵。相关矩阵表明一些变量之间存在很强的相关性。经济发展和经济增长呈现 0.64 的正相关性（$p < 0.001$）。同样，新企业创建分别与经济发展和经济增长之间存在积极和显著的（$p < 0.001$）相关性。

表 5.2 相关系数矩阵（N = 30）

指标	1	2	3	4	5	6
1.经济增长						
2.经济发展	0.64***					
3.新企业创造	0.28***	0.34***				
4.先前的创业活动	0.22***	0.21***	0.31***			
5.文化多样性	0.05*	0.10***	−0.02	−0.06**		
6.熟练劳动力	0.17***	0.30***	0.23***	0,21***	−0.07**	
7.人口增长	0.17***	0.28***	0.19***	0.18***	0.35***	0.04⁺
8.外来人口	0.24***	0.28***	0.36***	0.34***	0.04*	0.01
9.基础设施	0.17***	0.64***	0.15***	0.05*	0.11***	0.03
10.人均收入	0.11***	0.29***	0.23***	0.18***	−0.25***	0.55***
11.失业率	0.05*	0.06**	0.17***	0.15***	−0.21***	0.42***
12.贫困率	−0.08***	−0.18***	−0.22***	−0.18***	0.49***	−0.45***
13.人口密度	0.12***	0.45***	0.17***	0.07***	0.00	−0.12***
14.制造业	−0.03	0.07***	0.04*	0.01	−0.17***	−0.24***
15.零售业	−0.07**	−0.13***	−0.21***	−0.18***	0.15***	−0.26***
16.服务业	0.09**	0.28***	0.15***	0.11**	−0.04*	0.39***
17.辽宁	0.03	0.01	−0.08***	−0.05**	0.53***	−0.35***
18.吉林	−0.06**	−0.06**	−0.03	−0.04**	−0.45***	0.09**
19.黑龙江	0.04⁺	−0.06**	0.09***	0.11***	−0.04⁺	0.29***

续表

指标	7	8	9	10	11	12
8.外来人口	0.11***					
9.基础设施	0.31***	0.20***				
10.人均收入	0.21***	0.26***	0.12***			
11.失业	−0.06**	0.07***	0.19***	0.10***		
12.贫困率	−0.16***	0.10***	0.13***	−0.19***	0.46***	
13.人口密度	0.13***	−0.16***	−0.07**	−0.02	−0.77***	−0.48***
14.制造业	0.07***	0.35***	−0.04+	0.67***	0.12***	0.01
15.零售业	0.21***	0.28***	0.00	0.17***	0.21***	0.14**
16.服务业	0.17***	0.04*	0.16***	0.36***	0.06***	−0.03
17.辽宁	−0.02***	0.20***	−0.12***	0.18***	0.02	−0.07***
18.吉林	0.05***	−0.20***	−0.13***	−0.03	−0.31***	−0.08***
19.黑龙江	0.17***	0.05*	0.21***	0.16***	0.19***	0.05**
指标	13	14	15	16	17	18
14.制造业	−0.14***					
15.零售业	0.23***	0.32***				
16.服务业	−0.03	0.25***	−0.28***			
17.辽宁	−0.17***	0.35***	0.06***	0.08***		
18.吉林	0.39***	−0.03	−0.19***	0.00	−0.07**	
19.黑龙江	−0.09***	0.00	−0.04**	0.16***	−0.26***	−0.32***

注：+ $p < 0.10$；* $p < 0.05$；** $p < 0.01$；*** $p < 0.001$。

而关于经济指标，人均收入和贫困率呈现 0.19 的负相关性（$p < 0.001$）。而人均收入和熟练劳动力之间也存在积极和显著的（$p < 0.001$）相关性。这种相关性意味着拥有熟练劳动力的城市

往往可以达到更高的工资。

明显的相关性表明变量之间的多重共线性问题比较严重，需要进行中心化以解决这一问题。

5.2 研究方法与步骤

本书用两种方法进行数据分析和假设检验。包括普通非线性最小二乘回归（OLS）和结构方程建模。前者是用来检验指标层面模型（图3.2），而后者则是用来检验结构模式（图3.1）。如前所述，数据中出现的正态分布问题使得观测值减少以及需要对这些指标进行转换。此外，还需要检查这些数据的异质性、异方差性、自相关和多重共线性。

用邹氏检验（Chow Test）来检验异质性。邹氏检验包括估算F统计系数是否显著（$p < 0.05$），从而确定数据是否缺乏一致性（Chow，1960）。然后，用Goldfeld-Quant检验来检验异方差性。结果F统计值系数显著（$p < 0.05$），说明数据具有同方差性（Goldfeld & Quandt，1965）。由于创业活动和新企业创建测度在不同时期是变化的，这就需要检查自相关。用SPSS对数据进行Durbin-Watson检验。根据Aczel和Sounderpandian（2002）的意见，检测得出数据缺乏一阶自相关，因为D-W值为1.92（Durbin & Watson，1951）。因此，这些检验表明，数据符合常态假设、同方差性、异质性和误差独立性（Hair et al.，2001）。

此外，用探索性回归分析来检查潜在的多重共线性问题。为了检验多重共线性，对方差膨胀因子（VIF）和条件指标（CI）的值进行检查。Hair等人（2001）确定，当VIF小于10并且CI小于30的时候，可以得出这样的结论：没有多重共线性问题。然而，当加入人口多样性、人均收入、失业和贫穷率的平方数的时候，回归结果表明具有多重共线性问题。为了减小VIF和CI值，需要对变量进行均值中心化。中心化就是将每个观测值减去变量的平均值（Aczel & Sounderpandian, 2002）。回归结果表明，因为所有变量的VIF值都小于10，所以不存在多重共线性问题。虽然CI的范围从46.196到46.44，Hair等人（2001）认为需要遵守系数方差分解矩阵。在这种情况下，没有系数超出阈值0.90，若超出的话则是存在多重共线性问题的。因此，通过中心化变量能够减少数据的多重共线性问题。

5.2.1 指标层面模型的检验方法与步骤

对采用普通非线性最小二乘回归检验指标层面模型的假设（图3.2），表5.3描述了支持每一种单独的假设的条件。

层级OLS回归决定独立变量是否有解释力。层级OLS回归意味着变量是按步骤进入模型的。首先，将控制变量引入模型。其次，增加自变量。为了评估因变量和自变量集合之间的关系，本书使用F检验。如果关系是线性的，那么原假设（$H_0: \beta_i = 0$）将被拒绝，（$p < 0.05$）。β_i代表了每个自变量的系数。采用t检验来检验每个自变量的显著性水平（$p < 0.05$）。为了检验自变量对模型的显著影响，计算R^2的变化。这也是一个F检验，其显著性水平为0.05。

5.2.1.1 检验新企业创建相关假设的步骤

本书使用七个模型来检验与新企业创建相关的假设。模型1中只加入控制变量。在模型2中，增加人口统计学因素、经济因素和先前的创业活动的指标。模型2是用来检测假设1d、1e、1f、

2c 和 3c。为了支持这些假设，熟练劳动力（1d）、人口自然增长（1e）、外来人口（1f）、基础设施（2c）和先前的创业活动（3c）等的 β 系数是正的和显著的（$p < 0.05$）。独立的回归模型用来检验曲线关系。这与 McGrawth（2001）所用的程序是一致的，用来检验曲线关系。为了检验假设 1c，模型 3 加入文化多样性的平方。当二次项的 β 系数是负的并且显著（$p < 0.05$），而文化多样性的 β 系数是正的并且显著（$p < 0.05$）时，假设获得被支持。

表 5.3　指标层面模型的假设检验条件

假设	假设获得支持的条件
H1c	文化多样性系数需呈现正向显著性，其平方数系数需呈现负向显著性
H1d	熟练劳工的系数需呈现正向显著性
H1e	人口自然增长的系数需呈现正向显著性
H1f	外来人口的系数需呈现正向显著性
H2c	基础设施的的系数需呈现正向显著性
H2d	人均收入的系数需呈现正向显著性，其平方数系数需呈现负向显著性
H2e	失业率系数需呈现正向显著性，其平方数系数需呈现负向显著性
H2f	贫困率系数需呈现正向显著性，其平方数系数需呈现负向显著性
H3c	先前创业活动的系数需呈现正向显著性
H4a	新企业创建的系数需呈现正向显著性
H4b	新企业创建的系数需呈现正向显著性
模型指标	F 统计值需显著

为了检验假设 2d,模型 4 加入人均收入的平方。当二次项的 β 系数是正的并且显著（$p < 0.05$），而人均收入的 β 系数是负的并且显著时（$p < 0.05$），假设获得支持。为了检验假设 2e,模型 5 加入失业率的平方。当二次项的 β 系数是负的并且显著（$p < 0.05$），而失业率的 β 系数是正的并且显著时（$p < 0.05$），假设获得支持。为了检验假设 2f,模型 6 加入贫困率的平方。当二次项的 β 系数是负的并且显著（$p < 0.05$），而贫困率的 β 系数是正的并且显著时（$p < 0.05$），假设获得支持。模型 7 包括了所有变量来检验所有的关系。表 5.4 描述了 OLS 回归模型的概要。

表 5.4 当新企业创建是独立变量时 OLS 回归模型的概要

模型	模型中的变量
1	控制变量(人口密度、行业、区域)
2	在模型 1 的基础上,加入人口统计学因素(文化多样性、熟练劳工、人口自然增长、外来人口)、经济因素(基础设施建设、人均收入、失业率、贫困率)和先前的创业活动
3	在模型 2 的基础上,加入文化多样性平方
4	在模型 2 的基础上,加入人均收入平方
5	在模型 2 的基础上,加入失业率平方
6	在模型 2 的基础上,加入贫困率平方
7	在模型 2 的基础上,加入所有平方

5.2.1.2 检验假设 4a 的步骤

这个假设是关于新企业创建与经济发展之间的关系。采用 4 个回归模型来检验这个假设。模型 8 中只包括控制变量。模型 9 包括控制变量和新企业创建的指标。模型 10 包括控制变量和人口组成、经济因素、先前创业活动的指标以及文化多样性、人均收入、失业率和贫困率的平方项。模型 11 在模型 10 包含变量的基础上加入新企业创建的指标。表 5.5 总结了这一 OLS 回归模型。

当模型 9 中新企业创建的 β 系数是正的并且显著时（$p < 0.05$），假设 4a 将获得支持。特别是，当自变量和二次项都包含在模型 11 中时，观察这个变量的系数是很重要的。此外，要知道新企业创建和经济发展变量之间可能存在内生性问题。事实上，观察特殊变量之间的相关系数是很重要的。Armington 和 Acs（2002）解释，如本书中出现的这个模型可能碰到内生性问题，因为原因和结果不能确定。当讨论结构模型的检验时，关于潜在的内生性问题等方面需要进一步说明。

表 5.5　经济发展作为因变量的回归模型概要

模型	模型中的变量
8	控制变量(人口密度、行业、区域)
9	在模型 8 的基础上，加入新企业创建
10	在模型 8 的基础上，加入人口统计学因素（文化多样性、熟练劳工、人口自然增长、外来人口）、经济因素（基础设施建设、人均收入、失业率、贫困率）和先前的创业活动；文化多样性平方、人均收入平方、失业率平方、贫困率平方
11	在模型 10 的基础上，加入新企业创建

5.2.1.3　检验假设 4b 的步骤

这个假设是关于新企业创建和经济增长之间的关系。四个回归模型将被用来检验这个假设。模型 12 只包含控制变量。模型 13 包括控制变量和新企业创建的指标。模型 14 包括控制变量、人口组成、经济因素、先前的创业活动的指标以及文化多样性，人均收入、失业率和贫困率的平方项。模型 15 包括新企业创建的指标和模型 14 中所有的变量。表 5.6 描述了 OLS 回归模型的概要。

当模型 13 和 15 的新企业创建的 β 系数是正的并且显著（$p < 0.05$），假设 4b 将获得支持。特别是，当自变量和二次项都包含在模型 15 中时，观察该变量的系数是很重要的。如前所说，新企业创建和经济增长指标之间还可能会有内生性问题。当讨论结构模型的检验时这些问题将得到进一步解释。

表 5.6　经济增长作为因变量时 OLS 回归模型的概要

模型	模型中的变量
12	控制变量（人口密度、行业、区域）
13	在模型 12 的基础上，加入新企业创建
14	在模型 8 的基础上，加入人口统计学因素（文化多样性、熟练劳工、人口自然增长、外来人口）、经济因素（基础设施建设、人均收入、失业率、贫困率）和先前的创业活动；文化多样性平方、人均收入平方、失业率平方、贫困率平方
15	在模型 14 的基础上，加入新企业创建

5.2.1.4　中介作用的检验方法与步骤

图 3.2 的模型表明，新企业创建中介了以下指标之间的关系：（a）人口统计学因素、经济因素、创业活动的指标集合与（b）经济发展和增长。当描述结构模型（图 3.1）中假设彼此之间的关系时，这个中介作用将会得到更详细的探讨和说明。然而，可以做一个检验来确定新企业创建对这些变量之间关系的中介作用。Baron 和 Kenny（1986）建议按照下列程序来检验调整。

"应该估算以下三个回归方程：首先，检查自变量对中介变量的关系；第二，检查自变量对因变量的影响；第三，同时检查自变量和控制变量对因变量的影响。应该检验和估算每个方程的不同系数。"

根据这个检验程序，需要五个回归模型。首先，模型 7 确定自变量是否对中介变量有直接影响。其次，模型 10 和 11 确定新企业创建是否中介了自立变量集合和经济发展之间的关系。根据表 5.5，模型 10 检验了自变量和控制变量集合对经济发展的影响，模型 11 检验了自变量、控制变量和中介变量（新企业创建）集合对经济发展的影响。再次，模型 14 和 15 确定新企业创建是否中介了自变量集合和经济增长之间的关系。根据表 5.6，模型 14 检验了自变量和控制变量集合对经济增长的影响，模型 15 检验了自变量、控制变量和中介变量（新企业创建）对经济增长的影响。

Baron 和 Kenny（1986）指出，如果下列条件发生则中介成立。首先，模型 7 中自变量集合一定会影响中介变量（新企业创建）。其次，模型 10 和 14 中，这些自变量一定会分别影响经济发展与经济增长。再次，模型 11 和 15 中中介变量一定会影响因变量。最后，模型 11 和 15 中自变量的影响一会小于模型 10 和 14 中自变量的影响系数。在模型 11 和 15 中，若自变量不显著（$p > 0.05$），则会有完全中介成立；反之，如果变量显著（$p < 0.05$），则部分中介作用成立。此外，中介效果的显著性需要通过 Sobel 检验来评估（Sobel，1982）。这项检验的目的是为了确立中介变量如何中介自变量对因变量的影响（Baron & Kenny，1986）。为了完成这项检验，通过模型 10 和 14 中的原始系数和自变量的标准误差以及模型 11 和 15 中的原始系数和中介变量标准误差，进行了 Z 统计值估算。

5.2.2 结构模式检验

采用结构方程模式（SEM）来检验包含在结构模型（图3.1）中的假设。表5.7描述了支持假设的必要条件。SEM检验原假设（null hypothesis）为Σmodel = Σdata，即数据与模型拟合。这个原假设表明了模型的协方差矩阵等于数据的协方差矩阵。χ^2统计不显著（$p > 0.05$）表明，原假设不被拒绝（Kelloway，1998），因此模型与数据是拟合的。采用LISREL8.3（一种结构方程分析工具）来进行模型检验。最大似然法（ML：Maximum likelihood）是模型常用的估算方法。最大似然法使参数可能性最大化（Joreskog & Sorbom，1998）。此外，除了χ^2，LISREL还计算了其他拟合优指数：拟合度指标（GIF）、适配度指标（AGFI）、标准适配度指标（NFI）、非标准适配度指标（NNFI）、均方残差的平方根（RMR）、均方根误差近似（RMSEA）。Hu 和 Bentler（1995）和 Kelloway（1998）解释说，当 NFI、GIF、AGFI 和 NNFI 都大于0.90，而RMR 和 RMSEA 小于0.05时，模式有较好的适配度。

根据 Anderson 和 Gerbing（1988）的建议，可建一个两步骤的分析方法。第一步包括计量模型即验证性因素分析，来评价所有指标的构建、收敛性和区分效度。值得注意的是，这个结构模型包含四个潜在的单一指标（先前的创业活动、新企业创建、经济增长和经济发展）。这意味着当描述该模式时需要纠正随机计量误差（Frone, Russell, & Cooper, 1992）。文献给出了两种程序，主要用于当采用单一指标时来纠正随机计量模型误差（Bollen, 1989；Carlson & Kacmar, 2000；Frone et al., 1992；Joreskog & Sorbom, 1998）。一个程序是将固定误差规定为零（Joreskog & Sorbom, 1998），这样，这些指标就没有随机误差。这个程序了遵循 OLS 多元回归中的假设（Hair et al., 2001）。第二个是利用下面的公式固定误差：

方差×（1-可靠度）(Bollen, 1989)

表5.7 结构模型中假设成立的条件

假设	假设获得支持的条件
H1a	人口统计学对新企业创建的路径系数需显著,新企业创建对经济发展的路径系数需显著,而人口统计学因素对经济发展的路径系数不显著
H1b	人口统计学对新企业创建的路径系数需显著,新企业创建对经济增长的路径系数需显著,而人口统计学因素对经济增长的路径系数不显著
H2a	经济因素对新企业创建的路径系数需显著,新企业创建对经济发展的路径系数需显著,而经济因素对经济发展的路径系数不显著
H2b	经济因素对新企业创建的路径系数需显著,新企业创建对经济增长的路径系数需显著,而经济因素对经济增长的路径系数不显著
H3a	先前创业活动对新企业创建的路径系数需显著,新企业创建对经济发展的路径系数需显著,而先前创业活动对经济发展的路径系数不显著
H3b	先前创业活动对新企业创建的路径系数需显著,新企业创建对经济增长的路径系数需显著,而先前创业活动对经济增长的路径系数不显著
模型拟合	χ^2 不显著,GIF, AGFI, NFI 和 NNFI 的值在 0.90 以上,RMR 和 RMSEA 的值在 0.05 以下,完全中介模型与部分中介模型的 χ^2 差异不显著

第二步是结构模型，潜在结构路径被确定。另外，LISREL 估算复相关系数（SMC），相当于结构方程模式（SEM）中的 R^2

（Straub，Limayem & Krahnna-Evaristo，1995）。SMC 代表模型在每一个观测变量所解释的方差量（Kelloway，1998）。

通过分析路径系数的显著性以及模型的拟合指标，可以在 SEM 中建立中介效应。首先，确立一个完全中介模型，在这之中人口组成、经济因素和先前的创业活动与新企业创建相关，而新企业创建与经济发展和经济增长相关。第二，确立一个部分中介模型，在这之中添加额外路径。即从（a）人口组成、经济因素和先前创业活动到（b）经济发展和经济增长。对模型之间的差异进行了 χ^2 检验，从而观测额外路径是否改善模型适配度。若第二个模型中额外路径不显著（$p > 0.05$），完全中介发生。反之，如果额外路径显著（$p < 0.05$），部分中介成立。

如上所述，在本书的模型中可能存在潜在的内生性问题（如 Armington & Acs，2002）。特别是，在新企业创建与（a）经济发展和（b）经济增长之间可能存在内生性问题。如果结构模型确定新企业创建和（a）经济发展和（b）经济增长之间的促进作用是相互的，则存在内生性问题。这意味着，例如，不仅从新企业创建到经济增长的路径系数是显著的（$p < 0.05$），而且从经济增长到新企业创建的路径系数业也是显著的（$p < 0.05$）。这种互利的关系对于一个变量影响另一个变量的模型是不可能建立的。如果经济增长和经济发展有互利关系，类似的内生性情况也会发生。为了确定 Lisrel 中潜在的互利关系，在路径系数矩阵中需要检验修正指数。如果修正指数高于 5，模型中即存在内生性问题（Joreskog & Sorbom，1998）。

为了实证评估前面章节中描述的模型，本书仔细考虑了研究设计和方法。本章描述了数据的来源，使用城市作为分析单位，详细地介绍了测度和分析数据的技术方法。

上述研究方法提供了一个路线图来解释如何进行模型的实证检验。实证分析的结果将在下节呈现。

5.3 实证结果

5.3.1 子指标层面的检验结果

本节将对子指标层面模型所涉及的假设（图 3.2）进行实证检验。本书将根据上节所述的 15 个回归模型来检验假设。

5.3.1.1 新企业创建作为因变量的相关假设检验

表 5.8 列出了 7 个回归模型，用来测试以下变量之间的关系，即（a）人口统计学构成因素、经济因素和先前的创业活动与（b）新企业的创建。

表 5.8 新企业创建作为因变量的回归结果

	Model 1	Model 2	Model 3	Model 4	Model 5	Model 6	Model 7
	Beta	Beta	Beta	Beta			
控制变量							
人口密度	0.207***	0.087*	0.087*	0.086*	0.086*	0.081*	0.081*
制造业	0.020	0.019	0.019	0.022	0.019	0.021	0.023
零售业	−0.107*	−0.033	−0.033	−0.031	−0.031	−0.028	−0.028
服务业	0.081***	0.038+	0.038+	0.034	0.039+	0.039+	0.037
辽宁	0.006	−0.054	−0.054	−0.047	−0.051	−0.044	−0.039
吉林	0.009	−0.033	−0.033	−0.030	−0.031	−0.046	−0.040
黑龙江	0.188***	0.049	0.049	0.055	0.049	0.054	0.059+

续表

	Model 1 Beta	Model 2 Beta	Model 3 Beta	Model 4 Beta	Model 5	Model 6	Model 7
人口统计学因素							
文化多样性		-0.018	-0.019	-0.009	-0.018	0.002	-0.001
熟练劳动力		0.099***	0.099***	0.102***	0.098***	0.094***	0.098***
人口自然增长		0.123***	0.123***	0.106***	0.121***	0.097**	0.091***
外来人口		0.244***	0.244***	0.237***	0.244***	0.245***	0.241***
经济因素							
基础设施		0.018	0.018	0.029	0.018	0.027	0.033
人均收入		0.053+	0.053+	0.024	0.052	0.031	0.016
失业率		0.073**	0.073**	0.069**	0.065*	0.066**	0.062*
贫困率		0.011	0.011	-0.025	0.007	-0.072	-0.079
先前的创业活动		0.126***	0.126***	0.123***	0.126***	0.124***	0.123***
变量平方数(检验曲线效应)							
文化多样性平方				0.002			0.006
人均收入平方				0.052*			0.034
失业率平方					0.012		0.005
贫困率平方						0.074*	0.058*
F-value	3.81***	9.60***	7.61***	8.01***	7.63***	8.13***	3.25***
R^2	0.117	0.248	0.248	0.250	0.248	0.251	0.251
Change in R^2		0.131**	0.000	0.002*	0.000	0.003**	0.134***
Adjusted R^2	0.114	0.242	0.242	0.244	0.242	0.244	0.244

注:N = 30,Durbin-Watson = 1.921,$+p < 0.10$;$*p < 0.05$;$**p < 0.01$;$***p < 0.001$。

模型 1 是只有控制变量的基本模型。很明显，人口密度对于新企业的创建有积极作用。此外，黑龙江地区对于新企业的创建有积极的影响。在行业变量中，有趣的是，零售业与新企业的创建是负相关的，而服务是正相关的。模型 1 是非常重要的（$p < 0.001$）并且控制变量解释了 0.114（调整后的 R^2）的变异情况。模型 2 增加了人口构成、经济因素和以前的创业活动等指标。该模型用于检验假设 1d、1e、1f、2c 和 3c。该模型显著（$p < 0.001$）解释了 0.242（调整后的 R^2）的变异情况。此外，R^2（0.131）的变化是非常显著的（$p < 0.01$）。模型 2 的结果为 4 个假说提供了支持。首先，熟练劳动力系数（$\beta = 0.099$）为假设 1d 提供了显著（$p < 0.001$）支持。其结果是与以前的研究（Armington & Acs，2002；Evans & Leighton，1989；Lee et al.，2004）相一致的。第二，人口自然增长系数（$\beta = 0.123$）为假设 1e 提供了显著的（$p < 0.001$）支持。第三，外来人口数（$\beta = 0.244$）为假设 1f 提供了显著的（$p < 0.001$）支持。此外，外来人口数的系数在回归模型中的值最大，表明较其他变量，它的解释力最强。

对人口自然增长和外来人口等验证所得的结果与由 Chrisman（1985）、Reynolds 等（1994）和 Chrisman 等（1992）得到的结果相一致。第四，先前创业活动系数（$\beta = 0.126$）为假设 3c 提供了显著的（$p < 0.001$）支持。这一发现为由 Minnitti 和 Bygrave（1999）提出的关于先前创业创造更多企业家的论点提供了经验支持。

然而，模型 2 没有数据支持基础设施（hypothesis 2c）对新企业创建的积极影响。模型 3 将文化多样性的平方加到模型 2 中来检验假设 1c。虽然该模型非常显著的（$p < 0.001$），但是调整后的 R^2 并没有增加。文化多样性指数和文化多样性平方指数都不显著（$p > 0.05$）。因此，没有证据支持假设 1c，即文化多样性和新企业创建造之间的曲线关系（∩-shape）。

模型 4 将人均收入的平方加入模型 2 中，以检验假设 2d。重要的是要注意，在模型 2 中，人均收入系数稍微显著（$p < 0.10$）。然而，当将平方加入模型 4 中时，人均收入系数变得不再显著（$p > 0.05$），而人均收入平方系数（$\beta = 0.052$）变得积极和显著（$p < 0.05$）。这一结果表明，新企业的创建速度在人均收入增加的情况下会加快。尽管调整后的 R^2 增加到 0.244 并且 R^2 的变化是显著的（$p < 0.05$），但是没有证据支持假设 2d——人均收入与新企业创造之间的关系（U-shape）。

模型 5 将失业率平方系数加入到模型 2 中以检验假设 2e。调整后的 R^2 并没有增加，因为平方项系数并不显著（$p > 0.05$）。虽然失业（$\beta = 0.065$）和新企业创造之间有着积极和显著的关系，但是没有证据支持假设 2e，即两者之间的曲线关系（∩-shape）。

模型 6 将贫困率平方系数加入到模型 2 中以检验假说 2f。调整后的 R^2 增加到 0.244，并且 R^2 的变化是显著的（$p < 0.01$）。因为贫困平方指数是正向的（$\beta = 0.074$）并且是显著的（$p < 0.01$）。然而，贫困系数是不显著的（$p > 0.05$）并且是负向的。这表明，新企业的创建速度在贫困增加的时候会增加。但是，没有证据支持假说 2f——贫困和新企业创造之间的曲线关系（∩-shape）。

模型 7 将所有变量加入到模型中。调整后的 R^2 增加到 0.244。因为贫困平方指数（$\beta = 0.074$）是积极并且显著的（$p < 0.05$）。积极和显著的关系（$p < 0.001$）出现在先前创业活动指数（$\beta = 0.123$）、熟练劳动力指数（$\beta = 0.098$）、人口自然增长指数（$\beta = 0.091$）和外来人口指数（$\beta = 0.241$）上。此外，失业指数（$\beta = 0.062$）也是积极和显著的（$p < 0.05$）。模型 7 为假说 1d、1e、1f 和 3c 提供了更多的支持。

5.3.1.2 *假设 4a 的检验*

表 5.9 列出了将经济发展作为因变量的 4 个回归模型。如前所述，模型 9 和 11 确定了新企业创建和经济发展的积极关系。模型 8 中只有控制变量。调整后的 R^2 是为 0.355，除制造业外，服务业明显与经济发展相关（$p < 0.001$）。在模型 9 中添加了新企业创建以后，使调整后的 R^2 增加到 0.394，并且在 $p < 0.001$ 的显著水平上 R^2 也有明显的变化（0.038）。因为新企业创建的系数（$\beta = 0.209$）是积极显著的，所以有证据支持假设 4a。模型 11 中加入了人口统计学组成、经济因素和先前的创业活动等单项指标，在模型 11 中可以找到假设 4a 进一步的证据支持。模型 11 中显示了调整后的 R^2 是 0.583 和新企业创建系数（$\beta = 0.119$）与经济发展的关系仍然是积极显著的（$p < 0.001$）。可以看出，当模型 11 中加入更多变量时，新企业创建系数下降。尤其是，基础设施（$\beta = 0.49$）和熟练技工（$\beta = 0.137$）这两个系数比新企业创建系数大，表明它们对经济发展的影响更大。然而，模型 9 和模型 11 的结果为新企业创建对某一地区的经济发展有积极影响这一论断提供了实证支持。

表 5.9 经济发展作为因变量的回归结果

	Model 8	Model 9	Model 10	Model 11
	Beta	Beta	Beta	Beta
控制变量				
人口密度	0.410***	0.366***	0.040	0.030
制造业	0.000	− 0.004	0.032*	0.029+
零售业	0.012	0.034+	0.043**	0.047**
服务业	0.222***	0.205***	0.101***	0.097***
辽宁	− 0.036	− 0.037	− 0.017	− 0.012

续表

	Model 8 Beta	Model 9 Beta	Model 10 Beta	Model 11 Beta
吉林	−0.078**	−0.080**	−0.081***	−0.076**
黑龙江	0.101**	0.062*	−0.053*	−0.060*
人口统计学因素				
文化多样性			0.019	0.020
熟练劳动力			0.148***	0.137***
人口自然增长			0.098***	0.087***
外来人口			0.021	−0.007
经济因素				
基础设施			0.494***	0.490***
人均收入			0.056*	0.054*
失业率			0.046*	0.038+
贫困率			−0.035	−0.025
先前的创业活动			0.075***	0.061***
变量平方数(检验曲线效应)				
文化多样性平方			−0.047*	−0.048**
人均收入平方			0.084***	0.080***
失业率平方			−0.037*	−0.037*
贫困率平方			−0.029	−0.036+
新企业创建		0.209***		0.119***
F-value	14.881***	15.367***	13.889***	13.952***
R^2	0.358	0.396	0.577	0.587
Change in R^2		0.038***	0.219***	0.011***
Adjusted R^2	0.355	0.394	0.573	0.583

注: N = 30, Durbin-Watson = 1.921, $+p < 0.10$; $*p < 0.05$; $**p < 0.01$; $***p < 0.001$。

5.3.1.3 假设 4b 的检验

表 5.10 列出了将经济增长作为因变量的回归结果。模型 13 和 15 确定新企业创建和经济增长的关系。模型 12 中只包含控制变量。除了服务业显著性不强以外（$p < 0.10$），零售业和吉林省数据与经济增长不显著（$p > 0.10$），而其他 4 个控制变量都非常显著，调整后的 R^2 是 0.046。在模型 13 中加入新企业创建后调整后的 R^2 变成 0.100，并且 R^2（0.055）是的变化是非常显著的（$p < 0.001$）。因为新企业创建系数（$\beta = 0.248$）是积极显著的（$p < 0.001$），所以研究结果支持假设 H4b。模型 15 中加入了人口统计学因素、经济因素和先前的创业活动等单项指标，在模型 15 中可以找到假设 4b 进一步的证据支持。

表5.10　经济增长作为因变量的回归结果

	Model 12	Model 13	Model 14	Model 15
	Beta	Beta	Beta	Beta
控制变量				
人口密度	0.151***	0.100***	0.016	0.003
制造业	-0.060*	-0.065**	-0.055*	-0.059*
零售业	-0.029	-0.002	0.023	0.027
服务业	0.043+	0.023	-0.019	-0.025
辽宁	0.099**	0.097**	0.068+	0.074+
吉林	0.043	0.041	0.025	0.032
黑龙江	0.154***	0.107**	0.036	0.026
人口统计学因素				
文化多样性			-0.029	-0.029
熟练劳动力			0.127***	0.111***

续表

	Model 8 Beta	Model 9 Beta	Model 10 Beta	Model 11 Beta
人口自然增长			0.079**	0.064*
外来人口			0.143***	0.104***
经济因素				
基础设施			0.101**	0.096**
人均收入			−0.002	−0.004
失业率			−0.014	−0.024
贫困率			0.001	0.014
先前的创业活动			0.108***	0.088***
变量平方数(检验曲线效应)				
文化多样性平方			−0.034	−0.035
人均收入平方			0.044+	0.039
失业率平方			−0.008	−0.009
贫困率平方			−0.001	−0.010
新企业创建		0.248***		0.165***
F-value	13.217***	26.509***	14.899***	16.888***
R^2	0.049	0.104	0.131	0.151
Change in R^2		0.055***	0.081***	0.020***
Adjusted R^2	0.046	0.100	0.122	0.142

注：N = 30, Durbin-Watson = 1.921, $+ p < 0.10$; $*p < 0.05$; $**p < 0.01$; $***p < 0.001$。

模型 15 中列出来的调整后的 R^2 是 0.142 和新企业创建系数（$\beta = 0.165$）仍然是积极显著的（$p < 0.001$）。可以看出，当模型

15 中加入更多变量时，新企业创建对经济增长的影响系数下降。然而，它的系数权重仍然是模型中所有变量中最高的。因此，模型 13 和模型 15 为新企业创建对某一地区的经济增长有积极影响这一论断提供了实证支持。

5.3.1.4 中介作用检验结果

如前所述，指标层面的模型表明，新企业创建中介了各项指标与经济发展和增长之间的关系。这 5 个回归模型（模型 7、10、11、14 和 15）的结果需要按照 Baron 和 Kenny（1986）建议的程序去检测中介效果。

模型 7 的结果表明有 4 个指标和新企业创建有直接关系：先前的创业活动、熟练技工、人口自然增长和外来人口。其他指标和新企业创建没有直接关系。

为了考察新企业创建是否中介了各项指标与经济发展之间的关系，需要利用模型 10 和模型 11 的结果。模型 10 的结果表明，先前创业活动、熟练技工、人口自然增长对经济发展有直接的影响。此外，还有其他指标对经济增长有直接影响，比如基础设施、人均收入和失业率。然而，这四个指标对新企业创建没有影响。尤其是失业和经济发展呈现了一种曲线关系（∩型）。

在模型 11 中，新企业创建（中介变量）的系数是显著的（$p < 0.001$），但是先前创业活动、熟练技工、人口自然增长的系数也呈现显著水平（$p < 0.001$）。因此，结果表明新企业创建在一定程度上部分中介了（a）先前创业活动、熟练技工、人口增长和（b）经济发展的关系。此外，可以注意到当中介变量出现在模型中时，模型 11 中的这三个变量的系数开始下降。本书对这三个变量的影响情况进行了 Soebel 检验，结果表明 Z 统计值显著（$p < 0.01$），这可以很明显地表明中介作用存在。

为了检验新企业创建是否能够中介这些指标和经济增长之间的关系，本书使用了模型 14 和 15 的结果。模型 14 表明，先前创业活动、熟练技工、人口自然增长和外来人口对经济增长有直接的影响。此外，还有其他一些指标对经济增长也有直接的影响，比如基础设施，但是，这个指标对新企业创建没有影响。

在模型 15 中，新企业创建的系数是显著的（$p < 0.001$），但是先前创业活动、熟练技工、人口增长和外来人口的系数也保持在一个显著水平（$p < 0.001$）。因此，结果表明新企业创建在一定程度上部分中介（a）先前创业活动、熟练技工、人口增长和外来人口与（b）经济增长的关系。

此外，可以注意到当中介变量出现在模型中时，模型 15 中的这些变量的系数开始下降。本书对这三个变量的影响情况进行了 Soebel 检验，结果表明 Z 统计值显著（$p < 0.01$），这可以很明显的表明中介作用存在。

本书用普通最小二乘法回归来检验指数层面模型，它的结果可以提供证据支持 11 个假设中的 6 个。并且，所得结果表明，新企业创建可以一定程度上部分中介了四个自变量(先前创业活动、熟练技工、人口增长和外来人口）与经济发展和增长的关系。

第一，熟练技工、人口自然增长、外来人口和先前创业活动对新企业创建有积极的影响。这个结果和以前创业文献的研究是一致的（如 Chrisman, 1985; Chrisman et al., 1992; Reynolds et al., 1994）。此外，本书还发现，新企业创建和失业存在正向关系，这种关系就是当贫困率和人均收入增长时新企业也会逐渐创建。这些基于指标层面上的实证研究结果为由 Minnitti 和 Bygrave（1999）提出的理论模型提供了支持，此理论模型指出人口构成、经济因素和先前的创业活动水平都可以促进新企业创建。

第二，新企业创建对经济发展和经济增长都有影响的假设得到支持。这些研究结果与 Schumpeter（1934）和 Kirzner（1973）所提出的理论主张是一致的。他们认为新企业创建对一个区域的经济发展有重要影响。

第三，新企业创建对（a）这四个指标（先前创业活动、熟练技工、人口增长和外来人口）和经济增长与（b）前三个指标和经济发展之间的关系有一定的中介作用。这一中介作用对内生增长理论提供了支持（Lucas，1988；Romer，1986）。一方面，模型中所提到的理论认为，一个区域的知识库为新企业创建提供了机会，而后新企业创建又反过来促进了经济的增长。另一方面，实证研究也支持了这样一个过程，即当包含人口统计学因素和先前创业活动在内的知识库产生外溢效果时，新企业创建就创建了，而接着又导致了一个地区经济的发展。

5.3.2　结构模型层面的检验结果

本节对结构模型（图 3.1）的相关假设进行检验。

Anderson 和 Gerbing（1988）认为，包括所有指标（因变量、自变量和控制变量）在内的度量模型能用来评估建构效度、收敛效度和区分效度。然而，这种度量模型并不收敛。

第二种度量模型包括除控制变量以外的所有指标。虽然这种模型不收敛，但是 χ^2 卡方值为 32.24，却是显著的（$p < 0.05$）。另外，不同的拟合指标如下所示：近似误差均方根（RMSEA）= 0.16；均方根（RMR）= 0.14；拟合优度指数（GFI）= 0.83；调整拟合优度指数（AGFI）= 0.68；标准拟合指数（NFI）= 0.70；非范拟合指数（NNFI）= 0.53。这些结果说明模型与数据并不拟合（Hu & Bentler，1995；Kelloway，1998）。由于外来人口等指标与

构建经济因素相关，从该模型的结果可以发现构建效度问题。此外，在构建模型时为达到收敛效度和区分效度，修正指数呈现出了严重的问题。由于在构建度量模型时出现了问题，就不太可能评估出用来检验中介假设的结构模型。因此，有证据支持假设1a、1b、2a和2b，即新企业创建对（a）人口结构和经济因素与（b）经济发展与经济增长之间关系具有中介效应。

与此相对应的，将不同的指标作为潜在的结构来估计结构模型。Carlson和Kacmar（2000）认为，当模型非常复杂的时候，可以将单一的指标作为每一个潜在的结构。这种结构模型类似于如图3.2所示的指表层面模型。值得注意的是单一指标模型在没有控制变量的情况下是收敛的。而且，当测量误差是0的时候该模型也是收敛的。因此，当用到Bollen（1989）所提出的用指数方差乘以（1-可靠度）时，该模型并不收敛。

首先，提出一个全面中介模型。从修正指数的值可以看出需要建立一条连接经济增长与经济发展的路径。做了这样的修改以后，再次提出全面中介模型。$\chi^2 = 22.90$是显著的（$p < 0.05$）。此外，不同的拟合指数如下所示：RMSEA = 0.18；RMR = 0.088；GFI = 0.91；AGFI = 0.59；NFI = 0.81；NNFI = 0.25。这些结果说明该模型与数据并不拟合（Hu & Bentler, 1995; Kelloway, 1998）。特别的，从修正指数的值可以看出某些指标对经济发展与经济增长会产生不同的影响。因此，在指标层面，没有证据支持1a、1b、2a和2b中关于新企业创建对（a）人口结构和经济因素与（b）经济发展和经济增长的全面中介效应。全面中介模型的结果为评估部分中介模型提供基础。部分中介模型与数据相互拟合，因为$\chi^2 = 7.48$并不显著（$p > 0.05$）。全面中介模型（全面$\chi^2 = 22.90$）与部分中介模型（部分$\chi^2 = 7.48$）的χ^2检验有差异。由于新增的路径改善了模型的拟合度,结果(χ^2 差异 = 15.42)显著($p < 0.001$)。表 5.11 为全面中介模型的结果。

表 5.11　全面中介模型的结果

估计路径	系数	估计路径	系数
文化多样性→新企业创建	−0.04	人均收入→新企业创建	0.07*
熟练劳工→新企业创建	0.11***	失业→新企业创建	0.06**
人口增长→新企业创建	0.15***	贫困→新企业创建	0.02
外来人口→新企业创建	0.27***	先前的创业活动→新企业创建	0.13***
基础设施水平→新企业创建	0.05*	新企业创建→经济发展	0.17***
经济增长水平→经济发展水平	0.59***	新企业创建→经济增长	0.28***
多元相关平方(Squared Multiple Correlations)			
新企业创建	0.24	经济发展	0.44
		经济增长	0.08
拟合指数			
χ^2	22.09***	非范拟合指数 NNFI	0.25
拟合优度指数 GFI	0.91	均方根 RMR	0.088
调整拟合优度指数 AGFI	0.59	近似误差均方根 RMSEA	0.18
标准拟合指数 NFI	0.81		

注:N = 30, Durbin-Watson = 1.921, + $p < 0.10$; *$p < 0.05$; **$p < 0.01$; ***$p < 0.001$。

表 5.12 为部分中介模型的结果。新企业创建、经济发展与经济增长的值分别为 0.23、0.77 和 0.14。此外,不同的拟合指数如下:近似误差均方根(RMSEA) = 0.00;均方根(RMR) = 0.0043;

拟合优度指数（GFI）= 1.0；调整拟合优度指数（AGFI）= 0.99；标准拟合指数（NFI）= 1.0；非范拟合指数（NNFI）= 1.0。从这些结果可以看出，该模型的拟合度相当好（Hu & Bentler, 1995; Kelloway, 1998）。而且，修正指数表明经济发展或经济增长与新企业创建之间不存在交互关系。因此，该模型中没有任何的内生性问题。

结构方程模型（SEM）的支持者（Baron & Kenny, 1986; Joreskog & Sorbom, 1998; Kelloway, 1998）认为，在分析不同架构之间的结构路径时，该方法比多元回归分析更加严格。事实上，Baron 和 Kenny（1986）认为，多元回归可能无法用来证实中介效应。因此，部分中介模型的结果证实了运用普通最小二乘方回归模型所得的结果，为假设 3a 和 3b 提供了依据，而且提出了新的部分中介效应。

对于直接影响，结构模型得出了以下结论。首先，该模型证实了文化多样性以及贫困对于新企业创建、经济发展、经济增长均不产生影响。其次，该模型进一步为前节所讨论到的六条假设提供了支持。第三，该模型为假设 2c 提供了支持依据，因为基础设施对新企业创建具有积极显著的影响（$p < 0.05$）。第四，该模型为经济增长造就经济发展提供了有利的依据。

该结构模型还可以检验假设 3a 和 3b 关于新企业创建对（a）先前的创业活动与（b）经济发展和经济增长的中介效应。从表 5.5 所示的结果可以看出，先前的创业活动和新企业创建之间具有显著的正向关系（$p < 0.001$）。而且，先前的创业活动与经济发展的关系并不显著（$p > 0.05$）。该结果表明新企业创建对这种关系具有全面中介作用。因此，有证据支持假设 3a。然而，先前的创业活动与经济增长的关系是显著的（$p < 0.001$）。这种结果

表明新企业创建只能部分调节先前的创业活动与经济增长之间的关系。因此，没有证据支持假设 3b。

表 5.12 部分中介模型的结果

估计路径	系数	估计路径	系数
熟练劳工→新企业创建	0.12***	基础设施→新企业创建	0.05*
熟练劳工→经济增长	0.12***	基础设施→经济增长	0.09***
熟练劳工→经济发展	0.09***	基础设施→经济发展	0.53***
人口增长→新企业创建	0.15***	人均收入→新企业创建	0.08***
人口增长→经济增长	0.08***	人均收入→经济发展	0.09***
人口增长→经济发展	0.07***	失业→新企业创建	0.06***
外来人口→新企业创建	0.27***	失业→经济发展	0.05**
外来人口→经济增长	0.12***	先前的创业活动→新企业创建	0.13***
外来人口→经济发展	−0.03**	先前的创业活动→经济增长	0.09***
经济增长→经济发展	0.49***	新企业创建→经济发展	0.16***
		新企业创建→经济增长	0.04***
多元相关平方（Squared Multiple Correlations）			
新企业创建	0.23	经济发展	0.77
		经济增长	0.14
拟合指数			
χ^2	7.48	非范拟合指数 NNFI	1.00
拟合优度指数 GFI	1.00	均方根 RMR	0.0043
调整拟合优度指数 AGFI	0.99	近似误差均方根 RMSEA	0.00
标准拟合指数 NFI	1.00		

注：N = 30，Durbin-Watson = 1.921，+ $p < 0.10$；*$p < 0.05$；**$p < 0.01$；***$p < 0.001$。

对于部分中介效应，该结构模型为证实以下部分中介关系提供依据：

（1）新企业创建部分中介熟练工人与（a）经济发展和（b）经济增长之间的关系。

（2）新企业创建部分中介人口增长与（a）经济发展和（b）经济增长之间的关系。

（3）新企业创建部分中介外来人口与经济增长之间的关系。

此外，该结构模型证实了以下新增的部分中介效应。

（1）新企业创建部分中介外来人口与经济发展之间的关系。

（2）新企业创建部分中介基础设施与（a）经济发展和（b）经济增长之间的关系。

（3）新企业创建部分中介人均收入与经济发展之间的关系。

（4）新企业创建部分中介失业与经济发展之间的关系。

总之，由于人口统计学指标和经济因素的有效性问题，没有对该结构模型进行检验。相反的，我们用 SEM（结构方程模型）来检验指标层面的模型。其结果再次证实了通过最小二乘法回归所验证的六条假设的正确性，而且还为另外两条假设（H2c 和 H3a）提供了依据。此外，新企业创建能够部分中介（a）某些人口统计学指标、经济因素以及先前的创业活动与（b）经济发展和经济增长之间的关系。这些结果进一步为 Minnitti 和 Bygrave（1999）的框架提供依据。

假设检验总结见表 5.13。

表 5.13　假设检验的总结

假设	说　　明	结　　论
H1a	新企业创建中介人口统计学构成和经济发展之间的关系	当在指标层面进行检验时不支持该假设
H1b	新企业创建中介人口统计学构成和经济增长之间的关系	当在指标层面进行检验时不支持该假设
H1c	文化多样性与新企业创建之间具有曲线关系	不支持
H1d	某地区熟练工人的可获得性与新企业创建正相关	支持
H1e	某地区的人口自然增长与新企业创建正相关	支持
H1f	某地区的外来人口与其新企业创建正相关	支持
H2a	新企业创建中介经济因素和经济发展的关系	当在指标层面进行检验时不支持该假设
H2b	新企业创建中介经济因素和经济增长的关系	当在指标水平进行检验时不支持该假设
H2c	保持基础设施的投资水平对新企业创建具有促进作用	支持
H2d	人均收入与新企业人创建之间具有曲线关系	不支持
H2e	失业与新企业创建之间具有曲线关系	不支持
H2f	贫穷与新企业创建之间将具有曲线关系	不支持
H3a	新企业创建中介区域先前的创业活动与经济发展之间的关系	支持
H3b	新企业创建中介区域先前的创业活动与经济增长之间的关系	不支持

续表

假设	说　　明	结　论
H3c	先前的创业活动与新企业创建正相关	支持
H4a	新企业创建与地区的经济发展正相关	支持
H4b	新企业创建与地区的经济增长正相关	支持

5.4　本章小结

本书用普通最小二乘法回归和结构方程模型（SEM）来验证假设。由于有效性问题，不太可能在结构层面对模型进行检验，所以在为四条假设（1a、1b、2a 和 2b）提供依据时出现了问题。取而代之，我们运用普通最小二乘法回归和结构方程模型来分析指标层面的模型来检验其他十三条假设。

在两个层面对该概念模型进行分析，数据分析的结果表明指标层面模型为中国新企业创建的决定因素以及新企业创建对特定地区经济发展和经济增长产生的影响提供重要的发现。

一方面，普通最小二乘法回归结果支持六条假设。另一方面，结构方程模型的结果支持两条假设并且再次验证普通最小二乘法回归模型所支持的六条假设。

此外，数据分析表明新企业创建对（a）人口统计学指标（熟练工人、人口自然增长率和外来人口）、经济因素（基础设施水平、人均收入和失业）、先前的创业活动与（b）经济发展和经济增长的关系具有部分中介效应。这种部分中介效应表明，当将某地区现有的知识水平转化为创业活动，而这些创业活动有助于改善该特定地区的经济条件时，新企业创建会起到重要的作用（本研究为中国东北地区）。

而且，我们还意外的发现，地区的经济增长具有促进其经济发展的趋势。因此，就业的变化（经济增长）将导致区域生产总值（经济发展）的增加。表5-13总结了这些假设检验的结果。

总而言之，本章将指标层面模型的结果作为一种实证检验的方法来验证Minnitti和Bygrave（1999）所提出的框架以及内生增长模型。下章将对研究结果进行详细讨论。

6 结果探讨

本章的目的是讨论上一章的实证研究结果。首先对与人口统计学因素相关的假设进行解释，而后是与经济因素相关的假设检验结果，接着是先前的创业活动和对经济发展和经济增长的相关假设进行说明。最后总结全文，提出促进东北地区经济发展和增长的相关措施。

本章旨在讨论实证研究的结果，即一个环境因素模型（人口因素、经济因素以及先前的创业活动）对新企业创建的影响以及新企业创建如何促进一个地区的经济发展以及经济增长。对该模型从两个层面进行分析。首先，从该模型的指标层面检验环境因素对新创企业的不同影响，以及新创企业对经济发展和经济增长的直接影响。其次，以一个结构模型指出新创企业能够部分中介不同的环境因素与经济发展和经济增长之间的关系。由于缺乏有效的人口结构和经济因素指标，该结构模型在形成之初无法进行验证。

然而，指标层面的模型却能够用于假设检验。利用普通最小二乘法回归模型和结构方程模型，该结果支持 17 个假设中的 8 个，具体结果见表 5.13 所示。

普通最小二乘法回归模型和结构方程模型的结果有三点主要的相似之处。首先，结构方程模型证实了不同的普通最小二乘法回归模型所支持的六条假设。其次，结构方程模型证实了新创企业能够部分中介熟练的劳动力、人口增长、外来人口、先前的创业活动与经济增长之间的关系，以及熟练的劳动力、人口增长和失业率与经济发展之间的关系。第三，SMC 的数据与调整后的回归系数（R^2s）非常一致。

另外，普通最小二乘法回归结果和结构方程模型的结果主要有五个不同的方面。首先，增加经济增长对经济发展的路径系数，将使得 SMC 中经济发展的值增加到 0.77。将经济增长作为一个预测变量纳入其对经济发展的影响中，事后（post-hoc）普通最小二乘法回归分析会得到相似的结果。其次，这条增加的经济增长和经济发展之间的路径，使得两个假设的显著关系得到支持。一方面，可以发现新创企业能够充分中介先前的创业活动和经济发展之间的关系。另一方面，可以发现基础设施对新企业创建将产生积极影响。第三，外来人口与经济发展的关系在普通最小二乘法回归模型中不显著，在结构方程模型中呈负相关关系。第四，人均收入与新创企业之间在普通最小二乘法回归模型中呈轻微显著的关系，而在结构方程模型中呈正相关关系。第五，结构方程模型中不包括人口多样性、人均收入、失业率以及贫困率的平方系数。

总体而言，研究结果支持 Minnitti 和 Bygrave（1999）提出的框架。证据来自于环境因素，如人口统计学因素、经济因素以及先前的创业活动，它们构成了知识基础，这为新企业创建创造了有利的条件。另外，新企业创建被认为是知识转移和传播的结果，其能够改善一个地区的经济，该研究结果支持以内生增长模型为基础的研究（Lucas，1988；Romer，1986）。

具体的结果将在以下各小节中进行讨论。表 6.1 介绍了本研究支持的假设，以引导对结果的讨论。

表 6.1 本研究支持的假设

假设	假设说明
H1d	熟练劳动力的可获取性与新企业创建正相关
H1e	地区的人口自然增长与新企业创建正相关
H1f	地区挖了人口与新企业创建正相关
H2c	保持一定的基础设施投资水平与新企业创建正相关
H3a	新企业创建可以中介先前的创业活动与经济发展之间的关系
H3c	先前的创业活动与新企业创建正相关
H4a	新企业创建与地区的经济发展正相关
H4b	新企业创建与地区经济增长正相关

6.1 与人口统计学因素相关的结果讨论

本研究将探讨区域中的5个人口构成指标，即文化的多样性（按种族和民族背景区分）、熟练的劳工、人口的自然增长（即出生人数减去死亡人数）、外来人口数与其他变量的关系。本书用该指标层面的模型来检验所提出的假设。其结果并不支持新企业创建可以中介人口构成与（a）经济增长以及（b）经济发展之间关系的论点。然而，新企业的创建可以在一定程度上调节三个人口构成指标（熟练的劳动力、人口增长和外来人口）与经济增长和经济发展之间的关系。该部分中介效应表明这些人口构成指标不仅影响新企业的创建，而且对经济增长和经济发展也产生影响。

换言之，该结果表明这三个人口构成指标形成了一个知识基础，其可以促进新企业的创建以及改善地区经济条件。

6.1.1　人口统计学因素与新企业创建关系的讨论

本研究支持 Minnitti 和 Bygrave（1999）所提出的论点：即区域的构成情况是新企业创建的决定因素。可以看出，在分析完一个地区的人口构成因素后才能决定新企业的位置。结果表明，人口持续增长的地区，无论是自然增长（即出生人数减去死亡人数）还是外来人口增加都能够对新企业创建产生影响。这些创业活动都是为了满足持续增长人口的需要。该结果还表明熟练的劳动力能够促进新企业的创建。新企业可能会发现拥有充足熟练劳动力的地区极具吸引力，因为它们可以雇佣到专业的人才，而且能够为目标群体提供专门的服务和产品。因此，一个地区的人口构成为新企业为什么坐落在特定的地区提供了重要的依据。人口增长和外来人口的具体调查结果支持先前零售业的研究结果（Chrisman，1985；Chrisman et al.，1992）。同样，这些研究结果支持早先关于人口增长对于新企业创建产生影响的研究结果（如 Armington & Acs，2002；Lee et al.，2004）。然而，外来人口对新企业创建产生的影响与人口自然增长对新企业创建产生的影响相比更加显著，意识到这一点是很重要的。Chrisman 等（1992）在对临近的城镇和城市进行研究时得出了相似的结论。虽然出生人口数要比死亡人口数多使得总人口数持续增长，但是其对新企业创建的影响表明建立旨在服务于出生人口的企业将获得更多的机会。在这方面，新企业可以满足人口持续增长的需要（Chrisman，1985）。

相反的，外来人口可能会对新企业创建产生较高的影响，因为具有创业野心的外来的成年人会对社会产生直接的影响。因此，外来人口的较高影响可能意味着该地区正在接受有抱负的企业家的流入，他们的到来是为了创建新企业。此外，外来人口较高的积极影响也可能是新来者将技能和知识带到该地区的结果。Wright等（1997）认为，人们进行搬迁是为了追求更好的就业机会，Mills和Hazarika（2001）认为，他们是在接受一定的教育水平之后为了获得更高的收入才进行搬迁的。因此，个体可能会被这种地区所吸引，即居住在该地区能够获得改善其生活条件的机会。同样，由于新来者将其专门知识添加到区域已有的知识库中，该地区可以加固其知识基础，促进新企业创建。从Jacobs（1969）和Lucas（1988）的研究中可以看出，新来者与现有居民之间的相互交流能够为知识转移创造机会，该机会可能转化成新的业务。因此，外来人口对新企业创建产生较高影响的研究结果表明地区的知识基础将会持续增长，知识溢出效应会对新企业创建产生较大的影响。

在类似的条件下，熟练劳动力的可得性反映一个地区的知识基础。结果表明，大学学历的人口比例较高，对新企业的创建会产生促进作用。这一结果支持先前有关学者的研究（如 Audrestch & Feldman，1996；Bathelt，2001），即个体愿意利用和开发他们的知识去进行创业活动。此外，熟练劳动力的可获取性可以创造知识溢出效应，为该地区创造更多的创业机会。因此，当技术熟练的劳动力与分散的知识相互作用时，该地区的创业活动会相应增加。

6.1.2　人口统计学因素与经济发展和增长关系的讨论

研究结果表明，区域的人口增长会对其经济繁荣度产生影响。这一数量现象仍然是重要的，因为人口的不断增加会增强地区的知识基础。由于较多的人口能够导致生产水平的提升，而且还能够创造就业，故其增长直接影响经济增长和经济发展的改善。然而，通过根据外来人口以及熟练劳动力对经济发展和增长的影响来研究知识基础的变化是很重要的。尤其是该研究结果还为内生增长模型提供了依据（例如 Lucas，1988；Romer，1986）。因为外来者以及技术熟练的个体（熟练劳动力）能够加强地区的知识基础，使得该地区的经济获得增长。同样的，考虑到技术熟练的个体以及外来人口对经济发展产生的影响是很重要的。从这些影响中可以看出，当新的存量知识得到补充时该地区的经济就会得到发展。因此，这些人口构成就是改善当地经济条件的生产力来源。

当将经济发展作为因变量时（模型 10 和 11），虽然普通最小二乘法回归模型中外来人口的 β 系数不显著，但是在结构方程模型中外来人口对经济发展的路径系数却是负的并且是显著的。研究结果提出了新企业创建的部分中介效应。正如前所述，更多外来人口的到来（如积极迁移）意味着该地区会出现更多的新创企业。然而，外来人口的涌入并不意味着其会直接使得该地区的经济得到较高水平的发展。因此，外来人口的到来并不会改善当地的劳动力水平。对该结果一个可能的解释是：一些新来者在当地可能没有找到利用其知识的合适机会，而仅仅成为当地的居民。虽然创建了新企业，但是仅仅靠外来人口的到来还不足以改善当地的经济条件。

总之，本研究结果支持这一论点，即一个地区的人口构成指标会影响新企业创建，并且影响该地区的经济发展与经济增长。

6.2 与经济因素相关的结果讨论

一个地区的经济因素由四个指标构成：基础设施水平、人均收入水平、失业率和贫困率。实证研究结果是利用指标层面的模型获得的，其对这些经济因素在新企业创建、经济发展和经济增长方面产生的影响给予了验证。

虽然本书的研究结果对于新企业创建对经济因素与（a）经济发展之间的关系以及经济因素与（b）经济增长之间的关系方面没有全面的中介效应，但是却有部分中介效应。首先，新企业创建均能部分中介基础设施与经济发展和经济增长之间的关系。其次，新企业创建部分中介（a）人均收入和失业率与（b）经济发展之间的关系。该结果表明，这些经济因素不仅为新企业提供机会并且还能促进经济的改善。

6.2.1 经济因素与新企业创建关系的讨论

本研究支持了Minnitti和Bygrave（1999）所论述的经济因素影响新企业创建的观点。从总体上看，经济因素指标是对地区周边现有经济条件的一个评估。一个良好的经济条件意味着一个有利的环境，在这种环境下个人可利用其资源并且找到切实可行的商机来建立新企业。此外，拥有一个有利经济环境的地区对企业家更具吸引力，因为他们能将一个较富裕的人口区作为目标市场。具体而言，本研究结果支持以下关于新企业创建影响的论点。

首先，结构方程模型的结果指出基础设施投资水平对新企业创建具有积极影响。这一结果证实了先前研究人员的论点（Birch,

1987；Gartner，1985；Porter，1990）。试想，一些地区将政府支出投资于基础设施项目，其在建能力就能吸引企业家在该地创建新企业。因此，这些地区在吸引新的投资者方面会变得更具竞争力，而这些投资者也能利用该地区的现有机会。此外，本研究结果与先前研究中所得出的创业活动（Bull & Winter，1991）与企业创建（Reynolds et al.，1994）之间具有消极关系的研究结果相悖。

其次，关于人均收入水平与新企业创建之间关系的研究结果不支持二者之间 U 型关系的假设。然而，普通最小二乘法回归模型的研究结果表明，当人均收入增加时新企业创建会以一定的速率增加。此外，结构方程模型的结果证实了人均收入与新企业创建之间具有正向关系。将两者放在一起考虑，这些结果表明具有较高人均收入水平的地区将会吸引创业者到该地区创建新企业。这些结果与先前的研究相一致（Blanchflower & Oswald，1998）。此外，研究结果还表明，拥有一定经济基础以及大量知识基础的个人可能会进行创业。与此相反，研究结果并不支持 Noorderhaven 等人的论点，即较高的收入水平会降低个人创建新企业的动机。根据这些学者的观点，具有一定收入水平的个人将会继续保持其被雇佣的想法。这一观点可能适用于这些学者所研究的欧洲 15 个国家。但是，中国的情势恰好相反，因为具有较高收入的中国人可能会被创建新企业的前景所吸引，他们期望增加自己的财富。

第三，失业率与新企业创建关系的研究结果是线性正相关的。因为不支持曲线效应(∩型)，研究结果与 Evans 和 Leighton（1990）以及 Reynolds（1994）等人的研究结果相一致。虽然之前的陈述认为拥有较高人均收入水平的地区能够促进新企业的创建，这与失业率较高的地区能够促进新企业创建并不矛盾，因为某些地区的收入分配曲线可能是倾斜的（例如少数人得到了较高的收入从而增加了人均水平）并且还遭受失业问题困扰。如果这样的话，关于失业率和新企业创建之间正向关系的研究结果就会产生两种效应。一方面，企业家通过创建新企业来为那些无法找到工作的人提供工作岗位。在这种情况下，具有较高失业率的地区可能会促进依靠现有的大量劳动力开展业务的新企业的创建。另一方面，失业人员可能会由于没有工作而被迫变为创业者。需要注意的是，由于没有证据支持失业率与经济增长（就业的变化）之间具有直接关系，因此本研究结果支持推动效应这一论点。因此，失业人员决定创建企业是为了实现生存需要。

6.2.2 经济因素与经济发展和增长关系的讨论

本研究得出了几点关于基础设施水平、人均收入水平以及失业率会影响经济发展和经济增长的结论。首先，基础设施作为政府支出的代表，能够强有力地预测经济发展，因为它在普通最小二乘法回归模型和结构方程模型中均显示出了最高系数值。该论据表明，当将这些政府支出投资于基础设施项目时，将会改善地区的经济发展。该结果支持波特关于加强地区竞争优势的论点。这样的话，地区通过加大基础设施投资来提高生产力，就会产生更多的资源来促进地区的发展。此外，基础设施的投资使得企业愿意将其业务扩展到该地区。该论点与基础设施对经济增长有积极影响的观点相呼应，因为此时地区的就业率也会增加。

其次，人均收入与经济发展之间的直接关系证实了高收入地区的经济发展更加迅速这一观念。人均收入的平方系数也很重要，研究结果发现，当人均收入水平增加时经济发展以一定的速率改善。然而，人均收入水平对经济增长没有影响。研究结果表明，就就业率变化而言,地区的经济增长不受该地区人均收入水平的影响。而且,较人均收入而言,其他因素(如人口统计因素)对经济增长会起到更加重要的作用。

第三,失业率对经济发展和经济增长具有不同的影响。一方面,失业率与经济增长之间没有显著的关系。这一研究结果表明,就就业率的变化而言,经济增长与地区的失业人口水平不存在一个函数关系。

另一方面,模型10和11显示失业率和经济发展之间呈现出曲线关系(∩型)。这一结果比结构方程模型所得的正向关系的结果更加直接。曲线效应表明失业率或高或低时的经济发展水平低于失业率适中时的水平。这一结果可以在某地区正经历较高的失业率时得到解释。在这种情况下,该地区并没有获得经济发展,因为当地的劳动力没有机会进行生产。新企业的创建以及已建组织的持续经营能够降低失业率,使得地区开始经历高水平的发展。这可以用来解释适度水平的失业率能获得更高程度的发展。然而,当更少的人群保持失业时(即就业率高),经济发展水平开始降低。在这种情况下,虽然失业率水平降低了,但是地区的生产力水平并没有得到提高。也许,从业人员对当前的薪资水平感到满意,但是缺乏生产力水平的提高或者是创新的进步,地区就无法更加繁荣。因此,一个地区可能需要以失业率来促进经济发展。特别的,熊彼特认为,当个体将新创意带入市场时经济发展的进程才会发生。在那种情况下,失业人员在建立一个组织或是成立一个企业后会利用适当的时机来将他们的存量知识转化成生产活动。

总之,本研究结果支持以下论点,即地区的经济因素对新企业创建产生直接影响,并且影响到地区的经济发展和经济增长。

6.3 与先前的创业活动相关的结果讨论

本研究结论支持"创业创造更多的创业"这一论点（Minnitti & Bygrave，1999）。此外，新企业创建能够完全调节先前的创业活动和经济发展之间的关系，而部分调节先前的创业活动和经济增长之间的关系。

6.3.1 先前的创业活动与新企业创建关系的讨论

先前的创业活动和新企业创建之间直接相关的实证研究结果支持不同的理论观点。首先，该结果支持 Gartner（1985），Shapero 和 Sokol（1982）的论点：由于其他企业家所采取的创业行动使得个体愿意进行创业活动。在这种情况下，以前接触到的创业活动能够扩大新企业创建的机会。其次，以前及现有的创业活动可能会增加个体对其他盈利机会的警觉性（Kirzner，1973）。例如，按照波特集群发展的论点，一个拥有较高创业活动水平的地区可能会激发企业的发展。在那种情况下，新企业开始进行以前创业者不可能遇到过的创业活动。这一观点与 Krugman（1991）的论点相吻合，即新企业会将注意力放在产生持续生产活动的地区。第三，由于创业活动构成了一个地区的知识基础，知识的转移和溢出会影响到更多新企业的创建（Audrestch，1995）。因此，由新企业发展过程中创造的新知识和观点将会形成新的业务。第四，按照 Bygrave 和 Minnitti（2000）的观点，由于先前的创业活动在区域中营造的有利环境也能够促进新企业的创建。一个区域营造的创业文化能够激发该区域中的其他成员创建新企业。因此，区域不仅能够延续并加强创业活动的历史，而且还能够培育和支持新企业的形成。所以，本研究结论支持先前的创业活动影响新企业创建的观点。

6.3.2 先前的创业活动与经济发展和经济增长关系的讨论

新企业创建对先前的创业活动与经济发展关系的中介效应肯定了熊彼特（1934）的观点，即创业是一个地区发展的引擎。通过本书的研究可以看到，某地区的创业活动通过知识的传播来促进新企业创建并且改善当地的经济条件（Audretsch, 1995）。这种观点同样也遵循了内生增长模型理论（Romer, 1986），因为个体利用现有知识来促进社会发展。而且，创业促使了新企业创建，使得地区的生产率得到提高，并且这些外部因素能够促进经济发展。这样的话，本研究的结论便增强了 Fristch 和 Mueller（2004）的观点，即新企业创建活动会影响到经济发展。特别的，这种中介效应意味着一定程度的创业活动引发了新企业创建，这些创业成果使得地区的经济得到发展。

从先前的创业活动和经济增长的关系中可以看出新建企业对就业所产生的中介效应。通过对测量方式的分析，可以看出从2002年到2004年先前创业活动由企业数量的变化来衡量，而经济增长由2004-2006年的就业人数来衡量。从先前的创业活动对经济增长的直接影响可以看出，这些新建组织能够为地区提供新的就业。这样的话，中期的创业成果是区域经济增长规模的决定因素。我们可以推测，尤其是当区域的经济发展和创业活动正处于活跃时期时，相当比例的新组织都克服了到当地的生疏性（Stinchcombe, 1965）持续经营到2006年。这样的话，本研究补充了之前由 Armington 和 Acs（2004）在 20 世纪 90 年代所进行的研究工作。此外，本研究的结论为内生增长模型提供了进一步的依据，因为可以看出创业活动是经济增长的决定因素之一。

总之，本研究认为先前的创业活动对新企业创建和经济增长产生直接影响，当创业促进更多的创业时，地区的经济会得到发展。

6.4　新企业创建对经济发展与经济增长影响的讨论

前面的章节中讨论了不同的人口构成指标、经济因素以及先前的创业活动对经济发展和经济增长的影响。此外还讨论了新企业创建如何中介这些指标与经济发展和增长之间的关系。本节总结新企业创建对经济发展与成长的积极影响。

可以看出，本研究为创业活动对促进中国东北地区经济发展与成长进程的重要性提供了依据。本书的研究成果支持经济发展的若干理论，从熊彼特的理论到集聚理论。此外，研究结论还认为，新企业创建作为知识转移的产物是经济发展与成长的强有力而直接的决定因素。而且，由于模型研究的是新企业较早时段内（时间 T + 1）的创建，而经济发展和成长在随后的时段内（时间 T + 2），我们可以看到新企业创建对改善地区经济条件的短期效益。时间的差异性表明，地区新企业的大量涌现不仅能够创造就业机会，而且也有助于生产力的提高。

另外，结构方程模型的研究成果表明，经济增长能够促进经济发展。这一研究成果支持 Todaro（2000）和 Rocha（2004）的论点，即经济发展往往发生在持续增长的经济环境下。因此，这一研究结论明确地区分了经济的这两个不同维度。

最后，研究结论指出，新企业创建不仅仅是一种个体为追求盈利机会的行为。创业可以为特定地区创造有利的外部因素，不能仅仅将其视为某个个体的单独追求。正如结果所示，区域能够获得培养知识基础的效益，并且能够营造一种创业文化氛围使得不同的经济行为者进行知识的交流。事实上，区域的经济得到改善，不仅是先前的创业活动促进更多创业的短期行为，而且也是提高生产力以及创造更多就业机会的中长期行为。

6.5 启 示

通过利用中国东北三省 30 个城市的有效数据，本书分析了人口统计学因素、经济因素、先前的创业活动、新企业创建以及经济发展和经济增长之间的相互关系，并得出了相关结论。基于对上述实证研究结果的讨论，本书提出了如下对东北三省经济发展有一定作用的启示：

（1）培育文化多样性，因为多样性文化有利于实现区域文化的融合，同时能够为创业者提供创业机会并实现就业机会，实现创业与就业的双重作用，能够促进区域经济的发展。但是，在目前情况下，多样性文化的培育需要政府的多方努力，也需要区域人民的大力协助，促进产业，实现发展。

（2）提高教育水平，培育大量技能型熟练劳动力。对于创业者来说，人力资本的重要性是不言而喻的，甚至在一定程度上决定了新企业的成败（如技术性企业），因此，若某地区的熟练劳工多，人才多元化，这就更加能够吸引个体去创建企业，同时也能吸引外来者或者外来企业在本地区创业，推动当地经济的发展。东北三省拥有很多国家重点高校，可以利用这些资源加强对人才的培育，尤其是技能型人才队伍的建设。

（3）外来人口的增加有利于新企业的创建和区域经济的发展，因为他们为新企业的创建提供了条件和机会，因此，政府部门应该制定措施吸引大量的高素质人才来本地工作或创业，这也是促进当地经济发展的手段之一。东北地区尤其应该如此。

（4）政府部门应加大基础设施投资，这既是吸引外来者创业的硬件条件，也是促进当地经济发展的惠民举措。而且，加大基础设施建设也能为现有企业创造新的创业提供机会，吸纳失业人员重新就业。

（5）提高人均收入水平是提高人民生活水平的必要手段。本书的实证研究结果表明，提高人均收入水平能够促进创业。高收入人群为了实现财富的增值便积极创业，这不仅促进了就业，更重要的是对其他高收入人群具有榜样作用，带动他人创业。

（6）区域内以前的创业活动就是区域创业发展的历史，东北三省应该总结以前的创业获得情况，加大创业宣传力度，用历史来感化那些能够创业的人，促进他们创业，像美国那样形成创业型社会氛围，鼓励创业，支持创业，形成创业的社会效应，为区域经济的发展奠定基础。

以上都说明了，新企业的创建有利于区域经济的发展和增长，更有利于区域经济的繁荣，因此，区域政府、企业和人民应鼓励创业，加快区域经济发展的步伐。

6.6　本章小结

本章对实证研究的结果进行了讨论和分析。首先，分析了与人口统计学因素相关的结论，主要有人口统计学因素与新企业创建和经济发展与经济增长的关系等；接着讨论了与经济因素相关的结果，也主要包含了其与新企业创建和经济发展与经济增长的关系；其次分析了与先前的创业活动相关的结果并解释了新企业创建对经济发展和经济增长的影响。最后对于东北三省的发展提出了6条启示：①培育文化多样性；②提高教育水平，培育大量技能型熟练劳动力；③吸引外来人口创业；④加大基础设施投资；⑤提高人均收入水平；⑥加大对区域内先前的创业活动宣传的力度，促进创业。

7 研究结论及研究展望

7.1 研究的基本结论

创业与经济发展的关系是一个较新的话题,也是学术界一直关注的热门研究课题之一。关于创业,目前基于经济学视角的而研究成果有很多,但大都是国外的相关研究,国内从经济学视角研究创业的人并不多。多数关于创业的研究都是从管理学视角来研究,尤其是创业管理视角。而本书从区域的视角研究新企业的创建、区域经济因素、人口因素与区域经济发展和经济增长的关系,具有明显的意义。

本书在回顾了熊彼特经济发展理论、中心地理论、输出理论、现代经济增长理论和聚集理论之后,以新企业创建为贯穿全文的主线,研究促进区域经济发展和经济增长的因素及其相互关系。通过构建指标层面的模型和结构模型并利用回归方法和结构方程模型对模型进行验证,对本书的假设进行了验证,并得出了如下结论:

(1)以新企业创建为主线贯穿全文,研究了新企业创建对人口统计学因素、经济因素以及先前的创业活动与经济发展和经济增长之间关系的中介效应。结果表明：在结构模型层面上，新企业创建中介人口统计学构成和经济发展之间的关系、人口统计学构成和经济增长之间的关系、经济因素和经济发展的关系、经济因素和经济增长的关系、区域先前的创业活动与经济发展之间的关系，但是新企业创建却没有中介区域先前的创业活动与经济增长之间的关系。而在指标层面上进行检验时，新企业创建没有中介人口统计学构成和经济发展之间的关系、人口统计学构成和经济增长之间的关系、经济因素和经济发展的关系、经济因素和经济增长的关系以及区域先前的创业活动与经济增长之间的关系，但是新企业创建仍然中介区域先前的创业活动与经济发展之间的关系。

（2）利用层级普通最小二乘法回归探究了影响新企业创建的因素，结果表明：某地区熟练工人的可获得性与新企业创建正相关、某地区的人口自然增长与新企业创建正相关、某地区的外来人口与其新企业创建正相关、保持基础设施的投资水平对新企业创建具有促进作用、先前的创业活动与新企业创建正相关。但是，一些假设，如文化多样性与新企业创建之间具有曲线关系、人均收入与新企业创建之间具有曲线关系、失业率与新企业创建之间具有曲线关系、贫困率与新企业创建之间具有曲线关系等均未得到支持。

（3）研究了新企业创建对经济发展与增长的作用，结果表明：新企业创建对区域经济发展和经济增长具有关键的作用。

（4）虽然在本书的目的不是研究某些变量（如人口统计学因素）与经济发展和经济增长的关系，但是本研究却得出了额外的结论，即熟练劳工、人口自然增长和外来人口均对区域经济发展和经济增长具有显著的影响，而经济因素中的基础设施建设和人均收入也与经济发展和经济增长具有之间的关系。

7.2　本书的创新点与主要贡献

7.2.1　论文的主要创新点

本书的创新体现在以下几点：

（1）首次构建了两个层面的模型来研究区域经济的发展与增长，并运用东北三省 30 个城市的数据进行了实证研究。以往关于区域经济发展与经济增长的模型主要侧重于单一模型构建，而本书从两个层面构建了促进区域经济发展和经济增长的模型，一个是结构模型（图 3.1），从大类指标的角度，依时间序列分析了变量之间的关系；另一个是子指标层面的模型（图 3.2），主要将大类指标分解，研究子变量对新企业创建进而对经济发展和增长的影响，具有较大的创新性。

（2）首次研究了新企业创建的中介效应。以前的研究均将新企业创建作为因变量，研究其他因素对新企业创建的影响，或者将新企业创建作为自变量，研究它对某些变量的影响。本书首次将新企业创建作为中介变量来研究它与经济发展和经济增长的关系，也具有积极的创新性。该部分是对目前创业理论研究的扩展和补充，并对新企业创建具有一定的指导意义。

（3）数据来源的多样性。实证研究要求数据来源必须统一，数据测量口径必须统一，否则实证研究的结果将毫无意义（陈晓萍等，2009）。以前的一些研究将统计年鉴的数据和其他来源的数据拿来之后直接使用，导致结果无说服力。本书的数据来源虽然很多，但是数据的测量口径一致，而且本书在数据测量的过程中将非正态分布的数据进行了转化，实现了实证数据的统一。利用多样性数据来研究同一问题，这是本书在方法上的创新。

7.2.2 论文的主要贡献

本研究为创业研究、中国的经济发展和经济增长方面的研究做出了重大的贡献。

（1）本研究开发并检验了一个模型，该模型加强了 Minnitti 和 Bygrave 在宏观层面上提出的创业环境决定因素框架模型这种说法，并且认为这些决定因素构成了一个能够促进新企业创建的知识基础。此外，该模型扩展了 Minnitti 和 Bygrave 的框架模型，指出新企业创建对地区经济发展和增长具有促进作用。在这种前提下，该模型将新企业创建作为知识溢出的明确结果，在后期新企业创建能改善地区的经济。因此，本研究率先在城市水平上对创业活动的决定因素进行检验，并且检验新企业创建对一个地区经济改善带来的积极影响。

（2）本研究将重点放在调查区域层面的创业现象，特别是中国东北三省的30个城市。Stenberg 和 Rocha（2007）认为，创业活动是一个地方性现象，具有区域性，因为大多数的企业家会将他们的企业建立在自己居住的地区。因此，这些学者指出，地区而非国家是最适于进行此类研究的单位。此外，将中国的城市作为研究对象也是最近在该国进行创业研究的趋势，如 GEM 研究和清华大学的城市创业观察项目（CEM），这些创业研究的分析对象包括劳动力市场、大都市、城市以及国家（Acs & Armington，2004；Armington & Acs，2002；Audretsch & Lehman，2005，2006；Chang, Chrisman, & Chua, 2005；Lee et al., 2004；Minniti & Bygrave，2004）。因为城市作为国家法律部门的构成单位有其具体的规定条例,该分析单位所产生的社会影响是其他层面的研究无法获得的。

(3)由于本研究分析的是宏观层面上的环境条件,故其对管理理论和实践具有促进作用。虽然管理理论关注的是对组织的研究,但本研究为一个特定组织如何受外部环境影响的研究提供了多个角度。由于本研究是在城市层面上进行检验的,管理学者们可以用这些结果来研究一个特定组织为什么会建立在某个特定的地区,哪些因素有助于其建立,这个新组织会对当地经济的改善产生什么影响。

(4)本研究的结论为早先关于实证和理论研究的创业文献提供了强有力的支持。特别是,之前的"创业会促进更多的创业"这一论点在本研究中获得了实证支持。此外,新企业创建对改善一个地区的经济条件会产生积极影响这一论点在本研究中也获得了支持。而且,本研究还指出环境因素、人口构成和经济因素为发展一个地区创造了有利条件。总之,本研究为以下观点提供基础性支持,即创业活动并不被区域所孤立,而且也不是个人追求盈利机会的产物。事实上,创业活动是促进经济改善的有利因素。

(5)本研究为多个经济发展理论提供实证支持。一方面,本研究的实证结果证实知识溢出效应能够改善地区生产力。因为创业活动创造的知识源于个体间的交流,本研究支持内生增长模型(Lucas,1988;Romer,1986,1994)。另一方面,因为创业活动促进新企业的创建,本研究同样支持聚集理论(Krugman,1991;Marshall,1890;Porter,1990,2000)。而且,本研究明确了早期关于经济发展和经济增长区别的探讨(如Flammang,1979)。经济增长引起经济发展的实证研究结论认为这两种经济指标不仅相互关联而且增长导致发展。

（6）本研究增强了有关现有的中国创业活动方面的说法。特别的，最新数据的使用为中国拥有创业文化并且能够为新企业的形成提供条件等提供了有力依据。

总之，本研究为创业活动的研究提供了基础，并且为在特定地区进行经济改善方面的研究做出了重大贡献。

7.3　研究不足

本研究具有理论和方法的局限性。本研究已尽力减少这些局限性，但是说明局限性却可以为以后的学术研究开辟道路。

（1）本研究的理论局限：

①本研究模型在模型层面遵循了简约方法。然而，不同的人口构成指标与经济因素之间也可能会有直接关系。事实上，不能在架构水平上检验结构模型，因为线性结构模型的修正系数指出有些人口构成指标与经济因素指标高度相关。

②本研究模型利用之前的经济发展和成长理论来区分结构之间的差别。此外，本研究分别对经济增长和经济发展进行了定量和定性的区分。然而，研究没能整合和协调现有文献中不同的理论观点以达成一个比较明确的区分方法。

③本研究模型没有重视经济发展和经济增长到知识基础之间潜在的反馈回路。这条反馈回路可以说明在地区改善其经济条件后其知识基础是如何变化的。这样做使我们有可能发现，新企业创建作为地区繁荣的引擎可以使得该地区获得长远的发展这一完整结果。

（2）本研究方法的局限性：

①虽然本书尽力解决多重共线性问题，但是这一问题仍然存在，在一定程度上影响了分析结果。

②运用多种测量方法时容易出现问题，其中最严重的问题便是对外来人口的测量。将这一测量方法转换成一个绝对测量方法是使其正常化的唯一途径。虽然一些学者认为运用这种测量方法所得的结果是令人怀疑的，但是探索性普通最小二乘法回归模型运用原始的外来人口数据分析所得的结果却与用绝对测量方法所得的结果相同。

③对经济发展和基础设施的估计并不像期望的那么理想。就经济发展而言，从GPP（省内生产总值）中抽取GCP（城市生产总值）的想法表明这种测量方法是城市就业人数相对于一省就业人数的一个函数。这样的话，就不可能估计出某个特定地区的雇员是否更具有生产效率。此外，必须保证经济增长和新企业创建的测量方法与经济发展的测量方法相一致。虽然这三种测量方法都是根据其定义以及之前的研究实施的，但是利用相对变化（如变化率）可能更有利于说明结果。就基础设施而言，依靠政府的支出来确定每个地区如何投资于其基础设施项目是众多选择方式之一。Reynolds（1994）等人便用地方政府支出作为基础设施的代表。这样的话，可以推定地方政府将部分支出投资于各种基础设施项目。然而，地方政府的资金来源是多方面的，包括私营实体和其他非国家机构，这些来源对基础设施的建设起到更加积极的作用。因此，只是将政府支出作为基础设施的代表可能并不完全。

④测量方法的有效性问题使得结构模型免予检验。这致使在检验四个假设时缺乏具体的依据。虽然我们已经尽力降低模型的

理论复杂性,但是数据的实证分析确实显示出广泛的人口构成指标与经济因素之间具有因果关系。而且,结构方程模型的收敛性只有在排除了控制变量并且将测量误差减少到零后才能成为指标层面的模型。这样的话,便可使用结构方程模型来检验普通最小二乘法回归模型的结果。然而,这种缜密的数据分析方法增强了之前的普通最小二乘法回归模型的结果,因为它恰好又支持了两个其他假设。

总的来说,本研究中的理论和方法局限性有助于改进今后的工作。

7.4 研究启示

7.4.1 对创业者的启示

虽然本研究是在城市层面上进行的,但研究结果也为实践提供了两个重要启示。

(1)有抱负的创业者在决定将企业建在某个位置之前不仅要分析当地的社会经济条件而且还要分析当地的创业活动水平。正如研究结果所示,持续的人口增长(包括外来人口以及人口自然增长)、人口密集地区、技术熟练劳动力的可得性、基础设施以及一定水平的创业活动所构成的知识基础是企业家可以利用的。在这种情况下,有抱负的创业者可以利用这样的知识基础来从事不同行业的创业活动。因此,有些地区提供了高水平的知识基础以促进、培育和支持新企业创建活动。

(2)新企业创建能够促进经济发展和经济增长的结论表明,

有抱负的创业者是改善地区经济条件的活性剂。这样的话，可以看出创业者可以改善社区的知识基础。因此，创业者有一定的社会义务参与区域互动并且为改善地区的经济条件做出贡献。

总之，研究结果表明，区域对新企业的创建起决定性作用，它可以支持也可以阻碍新企业的成功。这种知识基础能够促使有抱负的创业者将他们的企业建在特定的地区。只要能够致力于改善地区的经济条件，创业者就能够取得在当地获取资源的权利。

7.4.2 政策启示

由于本研究是基于城市层面的，本书为决策制定者提出五条建议。

（1）研究结果显示，地区的知识基础能够决定新企业的创建，而新企业创建又能够改善地区的经济条件。正如Sternberg和Rocha（2007）所说，创业是一种地方性现象，因为创业者在离开他们的居住地到其它地区寻求盈利机会之前可能会考虑再三。这些个体已经在一个地方定居下来了，决策者要知道其所在地必须要营造一种创业文化氛围来支持和培养创业者。这样的话，决策者就需要支持当地的创业行为。因此，政策制定者为地区吸引创业活动创造必要的条件是很重要的。尤其是当地区的人口增长率提高时决策者就要采取行动了。这样的话，就有必要增加地区的创业活动来满足人口增长的需要。

（2）决策者需要创造良好的条件来保持地区的竞争力以吸引创业者和已成立的企业。这就意味着地区需要投资于基础设施项目来保持其吸引力并提供地方优势。按照波特的（1990）竞争优势理论，企业家会被易于获得资源的地区所吸引。否则，没有意识到投资于本地的重要性，就无法吸引新企业到该地区，也无法使得已建立的企业离开其原来所在地而去寻找一个更好的地点。

（3）决策者可以利用城市的研究结果来制定一系列县级的、地区级的、省级的甚至是国家级政策。正如结果所示，由于区域之间交流而存在的知识基础使得城市的经济改善成为可能。因此，决策者可以在不同的层面（如县、地区、省）分配资源并开发项目以协助和支持那些想建立新企业的个人。

（4）外来人口对新企业创建的积极影响以及对经济发展的消极影响指出决策制定者需要密切注意应该如何解决人口的动态性问题。对新企业创建的积极影响意味着决策者应该努力创造条件吸引外来者到达该地从事创业活动。然而，其对经济发展的消极影响可能表明积极的外来人口不一定有助于地区的繁荣。因此，应该采取措施吸引有智慧、有胆识、有知识、有技术的外来人员。所以，决策者应该加倍努力吸引创业者到达该地区而不仅仅是吸引新居民。

（5）人均收入水平和失业率等经济指标对新企业创建和经济发展的影响指出，决策者应该继续制定政策来改善该地区的这些经济状况。由于研究结果表明熟练劳动力的可获得性能够促进新企业的创建，决策者就应该集中精力吸引创业者和已成立的组织到特定行业进行创业。换句话说，地区决策者应该开发需要特定技能的就业机会。因此，地区的决策者应该充分利用现有的存量知识开发出个人与个人、企业与企业以及两者之间的溢出和转移效应。

总之，本研究的结论为决策者提供了重要的启示，这些决策者需要保持地区的吸引力以加强其创业活动，并且需要刺激地区经济以使其得到持续改善。

7.5　研究展望

研究人员可以解决前文所述的关于本书的研究局限性，即人口统计学构成与经济因素之间存在的复杂关系以及本研究所运用的不同方法。

（1）以后的研究还应将 Shapero 和 Sokol（1982）提出模型中的微观视角（如可取性、可行性）与其他环境因素结合起来来确定个体如何采取正式的行动来建立新企业。此外，以后的研究可能需要发掘出当地有价值的资源，以帮助有抱负的创业者减轻创业困难。

（2）本研究所开发出的模型并没有解释潜在的中介效应。以后的研究还需要开发出人口构成与经济因素之间的互动以影响新企业创建的模型。具体来讲，理论的开发需要解释外来人口与经济条件（如知识基础）之间的因果关系以促进创业活动。一方面，研究特定地区需要提供怎样的经济条件才能促使人们来到该地区创业是很有意义的。另一方面，需要更加深入地分析由于外来者的到来，地区的经济条件是如何改善的。而且，研究外来者如何利用他们的技能以及在区域内建立网络关系来进行创业活动也是必要的。具体来讲，需要密切关注地区对新来者的接受能力。另一个需要研究的主题是区分外来者的来源地。这样可以确定他们的存量知识的有用性。例如，最近的研究发现移民到美国的外国人所得的工资要低于本地人和美国居民（Borjas，2003）。这些人可能不具备足够的技能或者是缺乏社会关系以充分促进地区的经济发展。因此，分析这些人如何进行创业活动是很重要的。

（3）在今后的研究中，需要继续研究地区经济发展和经济增长的影响因素。研究结果表明，经济增长和经济发展均受相同因素的影响，经济增长影响经济发展。然而，下一步的理论研究需要重新考虑两者的关系以及如何才能实现区域可持续增长和发展。

（4）在今后的研究中可以考虑研究其他构成人口文化多样性的因素。因为本研究不支持把种族和民族背景作为多样性的构成部分，来研究其对创业活动产生影响这种观点，研究者可以尝试着考虑多样性的其他构成因素，如教育背景、传统、教会派别以及年龄。正如 Chaganti 和 Green（2002）所说，外来人口能够在本地人未能发现机会的产业部门进行经营。因此，外来人口可以作为人口文化多样性的一个额外因素来促进区域内的知识转移以促使新企业创建。

（5）今后可以继续探讨创业的决定因素与新企业创建之间的非线性关系。Minnitti 和 Bygrave（1999）认为，较高水平的创业活动能够促进更多新企业的创建。这样的话，以后的研究可能会探讨现有的创业水平与新企业创建之间是否具有曲线关系。

（6）关于本书中中国城市的研究可能会应用到其他区域、行业以及县域类型的理论和实证研究中。虽然本研究将这些变量作为控制变量，确定城市的创业活动有什么不同或者某一特定区域的创业活动是否要比其他地区多的研究是很重要的。而且，特定类型城市的周边环境或者是地理位置也可能会引起不同的创业活动。例如，以后的研究可以只关注单一类型的研究，大城市或者是农村地区。它们的研究结果可以为每一种特定类型的区域提供独特的启示。而且，以后的研究可以专注于探讨某种类型的地区或者是地理位置对特定的行业是否更具吸引力和竞争力。这样的话，被赋予不同知识基础的特定区域可能会也可能不会产生创业活动。因此，以后的研究可以将区域类型作为一个调节变量研究不同的行业类型，这样的话就有可能更新和加强早期由 Chrisman（1985）和 Chrisman（1992）等人进行的关于零售行业的研究和他们进行的不同县域类型创业活动的对比研究。

（7）以后的研究可以将本研究中开发出的理论框架模型应用到其他分析单元。虽然城市是许多省的政治划分，但是以后也可以集中于研究更加聚集的地区，如经济区域、劳动力市场区以及省的数据。在实践中，一些城市可以集中力量开发其区域，创造更好的环境条件提升竞争力以吸引新企业。而且这些经济区域也可能隶属于不同的省份。因此，可以研究较大的区域而为地区层面的创业行为发展提供重要的启示。

（8）以后的研究需要解决本研究中所遇到的方法局限。一方面，很难准确的估计出中国经营企业的数量。具体来说，有必要知道在给定的年限内建立了多少新企业。有迹象表明，由于企业分类方法的不同（如独资所有制企业、企事业单位、合作企业、法人团体等等），Gartner 和 Shane（1995）曾多次试图获得这些数据。此外，应在区域层面上更加注意衡量经济发展、经济增长、人口多样性以及基础设施水平，如在县域和城市层面上。特别的，研究人员需要在区域水平上研究出经济发展和经济增长是如何产生的，以对这两种测量方式进行明确的区分，避免之前所做的含糊不清或者是结构互换的研究。

总之，本研究为以后的研究提供了多种启示。这些理论和实证启示为特定区域越来越多的创业活动产生的积极效应提供了更

7 研究结论及研究展望

加深刻的见解。

综上所述，本书对创业及中国的经济发展及经济增长现象进行了研究。提出一个概念模型来分析由 Minnitti 和 Bygrave（1999，2000）提出的框架模型中的宏观因素，并且将其与经济发展和增长理论相结合。由于理论的发展以及实证结果的获得，本书为增强有关中国创业活动状况以及这些活动是如何有助于经济发展和经济增长的知识做出了贡献。研究结果支持"拥有一定资源以及创业文化的国家能够促进新企业的创建"（Minnitti & Bygrave, 2004）这一观点。本研究认为创业活动是一个过程，它始于坚固的知识基础，之后有助于改善中国区域的经济条件。尤其重要的是本研究为现有的创业、经济发展以及经济增长理论提供了实证支持。因此，创业活动不能被看成是一个孤立的事件，因为它与社会具有积极的互动作用。

分析本书研究结果的统计意义及实践意义是很重要的。就统计部分而言，30 个城市地区的样本为有效地进行假设检验提供了足够多的数据。具体而言，以下三点是值得注意的。首先，从不同回归模型中修正后的 R^2 和结构方程模型的值以及将经济发展作为一个因变量的结构方程模型中可以看出这些模型能够解释大部分的变量，因此其具有很高的实用性。由于相同的模型并没有对经济增长产生相同的效果，注意到这一点是很意义的。其次，较大的外来人口的 β 系数和之前创业活动的测量结果表明其对新企业创建具有较大影响。第三，公共政策能够对一些人口构成及经济变量的变化产生直接影响。例如，政策的制定能够影响外来人口的水平和类型以及基础设施的投资，两者均能影响新企业的创建以及经济发展和经济增长。因此，本书为中国创业活动的决定因素及其重要性具有统计及实践意义。

社会往往充满了机遇。那些具有知识存量的智慧型个体能够抓住赢利机会应用新的创意在市场上有所作为（Kirzner，1973；Schumpeter，1934）。由于新知识是新企业的另一种形式，创业能够改善地区的生产力，甚至能够为那些在已建组织中找不到工作的个体提供就业机会。因此，创业起到了至关重要的作用，它是区域改善其经济条件的引擎。

参考文献

英文参考文献:

[1] Acs, Z. J. The changing structure of the US economy: Lessons from the US steel industry [M]. New York: Praeger, 1994.

[2] Acs, Z. J., & Armington, C. Employment growth and entrepreneurial activities in cities [J]. Regional Studies, 2004, 38 (8): 911−927.

[3] Acs, Z. J., Audretsch, D., Evans, D. The determinants of variation in the self-employment rates across countries and over time [M]. London: Mimeo Press, 1994.

[4] Aczel, A. D., Sounderpandian, J. Complete business statistics (5th ed.) [M]. New York: McGraw-Hill, 2002.

[5] Adler, P. S., Kwon, S. W. Social capital: Prospects for a new concept [J]. Academy of Management Review, 2002, 27 (1): 17−40.

[6] Allen, T. E., Thomas, A. Poverty and development into the 21st century [M]. Oxford: Oxford University Press, 2000.

[7] Armington, C., Acs, Z. J. The determinants of regional variation in new firm formation [J]. Regional Studies, 2002, 36: 33−45.

[8] Arrow, K. J. The economic implications of learning by doing [J].

Review of Economic Studies, 1962, 29: 155−173.

[9] Audretsch, D. Innovation and industry evolution [M]. Cambridge, MA: MIT Press, 1995.

[10] Audretsch, D., Feldman, M. R & D spillovers and the geography of innovation and production [J]. American Economic Review, 1996, 86: 630−640.

[11] Audretsch, D., Fritsch, M. The geography of firm births in Germany [J]. Regional Studies, 1994, 28 (4): 359−365.

[12] Audretsch, D., Fritsch, M. Growth regimes over time and space [J]. Regional Studies, 2002, 36: 113−124.

[13] Audretsch, D., Lehman, E. Does the knowledge spillover theory of entrepreneurship hold for regions? [J]. Research Policy, 2005, 34: 1191−1202.

[14] Audretsch, D., Lehman, E. Entrepreneurial access and absorption of knowledge spillovers: Strategic board and managerial composition for competitive advantage [J]. Journal of Small Business Management, 2006, 44 (2): 155−166.

[15] Audretsch, D., Thurik, R. What is new about the new economy: sources of growth in the managed and entrepreneurial economies [J]. Industrial and Corporate Change, 2001 (10): 267−315.

[16] Baron, R. M., Kenny, D. A. The moderator-mediator variable distinction in social psychological research: Conceptual, strategic, and statistical considerations [J]. Journal of Personality and Social Psychology, 1986, 51 (6): 1173−1182.

[17] Bathelt, H. Regional competence and economic recovery: divergent growth paths in Boston's high technology economy [J].

Entrepreneurship & Regional Development, 2001, 13(4):287-314.

[18] Baumol, W. J. Entrepreneurship in economic theory [J]. American Economic Review, 1968, 58 (2): 64-71.

[19] Baumol, W. J. Entrepreneurship: Productive, unproductive, and destructive [J]. Journal of Political Economy, 1990, 98: 893-921.

[20] Baumol, W. J. Entrepreneurial enterprises, large established firms, and other components of the free-market growth machine [J]. Small Business Economics, 2004, 23 (1): 9-21.

[21] Begley, T. M., Tan, W. -L., Schock, H. Politico-economic factors associated with interest in starting a business: A multi-country study [J]. Entrepreneurship Theory and Practice, 2005, 29 (1): 35-56.

[22] Birch, D. The job generation process [M]. Cambridge, MA: MIT Program in Neighborhood and Regional Change, 1979.

[23] Birch, D. Job creation in America [M]. New York: Free Press, 1987.

[24] Blanchflower, D. G., Oswald, A. J. What makes an entrepreneurs? [J]. Journal of Labor Economics, 1998, 16 (1): 26-60.

[25] Blau, D. M. A time-series analysis of self-employment in the United States [J]. Journal of Political Economy, 1987, 95 (3): 445-467.

[26] Blau, P. M. Inequality and heterogeneity [M]. New York: Free Press, 1999.

[27] Bollen, K. A. Structural equations with latent variables [M]. New York John Wiley & Sons, 1989.

[28] Bonacich, E., Modell, J. The economic basis of ethnic solidarity: Small business in the Japanese-American community [M]. Berkeley, University of California Press, 1980.

[29] Borjas, G. The labor demand curve is downward sloping: Reexamining the impact of immigration on the labor market [J]. Quarterly Journal of Economics, 2003, 118 (4): 1335−1374.

[30] Bull, I., Winter, F. Community differences in business birth and growths [J]. Journal of Business Venturing, 1991, 6 (1): 29−43.

[31] Bureau of Economic Analysis [EB/OL]. About BEA. <http://preview.bea.gov/about/mission.htm>: accessed on February 2, 2007.

[32] Butler, J. S., Greene, P. G. Ethnic entrepreneurship: The continuous rebirth of american enterprise [A]. InD. L. Sexton, & R. W. Smilor (Eds.), Entrepreneurship 2000: 267−289. Chicago Ill: Upstart Publishing Co, 1997.

[33] Bygrave, W. D., Minniti, M. The social dynamics of entrepreneurship [J]. Entrepreneurship Theory and Practice, 2000, 24 (3): 25−36.

[34] Carlson, D. S., Kacmar, K. M. Work-family conflict in the organization: Do life role values make a difference [J]. Journal of Management, 2000, 26 (5): 1031−1054.

[35] Carree, M., Van Stel, A., Thurik, R., Wennekers, S. Economic development and business ownership: An analysis using data of 23 OECD countries in the period 1976−1996 [J]. Small Business Economics, 2002, 19: 271−290.

[36] Carter, N. M., Gartner, W. B., Shaver, K. G., Gatewood, E.

J. The career reasons of nascent entrepreneurs [J]. Journal of Business Venturing, 2003, 18: 13-39.

[37] Castrogiovanni, G. Environmental munificence: A theoretical assessment [J]. Academy of Management Review, 1991, 16 (3): 542-565.

[38] Central Intelligence Agency. The World Fact Book [M]. New York: Bartleby.com, 2006.

[39] Chaganti, R., Greene, P. G. Who are ethnic entrepreneurs? A study of entrepreneur's ethnic involvement and business characteristics [J]. Journal of Small Business Management, 2002, 40 (2): 126-143.

[40] Chandler, A. D. Scale and scope: The dynamics of industrial capitalism [M]. Cambridge: Harvard University Press, 1990.

[41] Chang, E. P. C., Chrisman, J. J., Chua, J. H. Regional determinants of the incidence of family firms in the United States: A preliminary report [C]. Paper presented at the Academy of Management Meeting, Honolulu, HI, 2005.

[42] Chang, E. P. C., Kellermanns, F. W., Chrisman, J. J. From intentions to venture creation: Planned entrepreneurial behavior among Hispanics in the U. S [A]. In T. Habbershon, & M. Rice (Eds.), Entrepreneuship: The engine of growth, Vol. 3: 119-146. Westport, CT: Praeger Publishers, 2007.

[43] Chow, G. C. Tests of equality between sets of coefficients in two linear regressions [J]. Econometrica, 1960, 28 (3): 591-660.

[44] Chrisman, J. J. Population change and its effects on the retail sector: An exploratory study [J]. International Small Business

Journal, 1985, 3 (4): 26-46.

[45] Chrisman, J. J., Bauerschmidt, A., Hofer, C. W. Extensions to the theory of new venture performance [J]. Entrepreneurship Theory and Practice, 1998, 23 (1): 5-29.

[46] Chrisman, J. J., Chua, J. H., Steier, L. The influence of national culture and family involvement on entrepreneurial perceptions and performance at the state level [J]. Entrepreneurship Theory and Practice, 2002, 26 (4): 113-130.

[47] Chrisman, J. J., Van Deusen, C., Anyomi, S. M. K. Population growth and regional economy: An empirical analysis of business formation and job generation in the retail sector [J]. Entrepreneurship & Regional Development, 1992 (4): 339-355.

[48] Christaller, W. Central places in Souther Germany (translated by Baskin C (1966) [M]. Englewood Cliff, NJ: Prentice-Hall, 1935.

[49] Clausen, A. W. Population growth and economic and social development [J]. Journal of Economic Education, 1985, 16 (3): 165-176.

[50] Commission on Population Growth and the American Future. Population and the American future [M]. New York: New American Library, 1972.

[51] Corcoran, H., Adams, T. Race, sex, and the intergenerational transmission of poverty [A]. In G. J. Duncan, & J. Brooks-Gunn (Eds.), Consequences of growing up poor. New York: Russell Sage Foundation, 1997.

[52] Delmar, F., Davidsson, P. Where do they come from? Prevalence

and characteristics of nascent entrepreneurs[J]. Entrepreneurship & Regional Development, 2000, 12（1）: 1-23.

[53] Dennis, Jr., W. J. Explained and unexplained differences in comparative state business starts and start rates [J]. Frontiers of Entrepreneurship Research, 1986: 313-327.

[54] Dennis, Jr., W. J. More than you think: An inclusive estimate of business entries [J]. Journal of Business Venturing, 1997, 12（3）: 175-196.

[55] Durbin, J., Watson, G. S. Testing for serial correlation in least squares regression [J]. Biometrika, 1951, 38: 159-178.

[56] Ellison, G., Glaeser, E. L. Geographic concentration in U. S. manufacturing industries: A dartboard approach [J]. Journal of Political Economy, 1997, 105（5）: 889-927.

[57] Evans, D., Leighton, L. S. Some empirical aspects of entrepreneurship [J]. American Economic Review, 1989, 79: 519-535.

[58] Evans, D., Leighton, L. S. Small business formation by unemployed and employed workers [J]. Small Business Economics, 1990（2）: 319-330.

[59] Fairlie, R. W., Meyer, B. D. The effect of immigration on native self-employment [J]. Journal of Labor Economics, 2003, 21（3）: 619-650.

[60] Fisher, G. The development and history of the poverty thresholds [J]. Social Security Bulletin, 1992, 55（4）: 3-14.

[61] Flammang, R. Economic growth and economic development: Counterparts or competitors [J]. Economic Development and Cultural Change, 1979, 28（1）: 47-62.

[62] Florida, R. The rise of the creative class: And how it's transforming work, leisure, community and everyday life [M]. New York: Perseus Books Group, 2002.

[63] Folster, S. Do entrepreneurs create jobs? [J]. Small Business Economics, 2000, 14: 137−148.

[64] Fritsch, M. New firms and regional employment change [J]. Small Business Economics, 1997 (9): 437−448.

[65] Fritsch, M., Mueller, P. Effects of new business formation on regional development over time [J]. Regional Studies, 2004, 38 (8): 961−975.

[66] Frone, M. R., Russell, M., Cooper, M. L. Antecedents and outcomes of work-family conflict: Testing a model of work-family interface [J]. Journal of Applied Psychology, 1992, 77 (1): 65−78.

[67] Fujita, M., Krugman, P. The new economic geography: Past, present and the future [J]. Papers in Regional Science, 2004, 83 (1): 139−164.

[68] Gartner, W. B. A conceptual framework for describing the phenomenon of new venture creation [J]. Academy of Management Review, 1985, 10 (4): 696−706.

[69] Gartner, W. B. "Who is and Entrepreneur?" Is the wrong question [J]. American Journal of Small Business, 1988, 12 (4): 11−32.

[70] Gartner, W. B., Shane, S. A. Measuring entrepreneurship over time [J]. Journal of Business Venturing, 1995 (10): 283−301.

[71] Getis, A. The economic health of municipalities within a metropolitan region: The case of Chicago [J]. Economic Geography,

1986, 62 (1): 52-73.
[72] Getis, A. Economic heterogeneity within large metropolitan areas [J]. Growth & Change, 1988, 19 (1): 31-42.
[73] Glaeser, E. L., Kallal, H. D., Scheinkman, J. A., Shleifer, A. Growth in cities [J]. The Journal of Political Economy, 1992, 100 (6): 1126-1152.
[74] Gnyawali, D. R., Fogel, D. S. Environments for entrepreneurship development: Key dimensions and research implications [J]. Entrepreneurship Theory and Practice, 1994, 18 (4): 43-62.
[75] Goldfeld, S. M., Quandt, R. E. Some tests for homoskedasticity [J]. Journal of the American Statistical Association, 1965, 60 (3): 539-547.
[76] Grossman, G. M., Helpman, E. Endogenous innovation in the theory of growth [J]. Journal of Economic Perspectives, 1994, 8 (1): 23-44.
[77] Hair, J. F., Anderson, R. E., Tatham, R. L., & Black, W. C. Multivariate data analysis (5th ed.) [M]. New York: Pearson, 2001.
[78] Hamilton, R. T. Unemployment and business formation rates: Reconciling time series and cross sectional evidence [J]. Environment and Planning, 1989, 21: 249-255.
[79] Hammarstedt, M. Immigrant self-employment in Sweden - its variation and some possible determinants [J]. Entrepreneurship and Regional Development, 2001, 13: 147-161.
[80] Hannan, M. T., Freeman, J. The population ecology model of organizations [J]. American Journal of Sociology, 1977, 82:

929-964.

[81] Hayduck, L. A. Structural equation modeling with Lisrel [M]. Baltimore: John Hopkins University, 1987.

[82] Hill, E. W., Brennan, J. F. A methodology for identifying the drivers of industrial clusters: The foundation of regional competitive advantage [J]. Economic Development Quarterly, 2000, 14 (1): 65-96.

[83] Hills, G. E., Shrader, R. C., Lumpkin, G. T. Opportunity recognition as a creative process [J]. Frontiers of Entrepreneurship Research, 1999: 216-227.

[84] Hoynes, H. W., Page, M. E., Stevens, A. H. Poverty in America: Trends and explanations [J]. Journal of Economic Perspectives, 2006, 20 (1): 47-68.

[85] Hoyt, H. Homer Hoyt on the concept of the economic base [J]. Land Economics, 1954, 30: 182-186.

[86] Hoyt, H. Importance of manufacturing in basic employment [J]. Land Economics, 1969, 45 (3): 344-349.

[87] Iyigun, M. F., Owen, A. L. Risk, entrepreneurship and human capital accumulation [J]. American Economic Review, Papers and Proceedings, 1998, 88: 454-457.

[88] Jacobs, J. The death and life of great American cities [M]. New York: Random House, 1961.

[89] Jacobs, J. The economy of cities [M]. New York: Vintage, 1969.

[90] Jacobs, J. Cities and the wealth of nations: Principles of economic life [M]. New York: Vintage, 1984.

[91] Jargowsky, P. A. Beyond the street corner: The hidden diversity

of high poverty neighborhoods [J]. Urban Geography, 1996, 17 (7): 579-603.

[92] Johnson, K. M., Voss, P. R., Hammer, R. B., Fuguitt, G. V., & McNiven, S. Temporal and spatial variation in age-specific net migration in the United States [J]. Demography, 2005, 42 (4): 791-812.

[93] Joreskog, K. G., Sorbom, D. LISREL 8 users reference guide [M]. Chicago, Il: SSI, Inc, 1998.

[94] Jovanovic, B. Firm-specific capital and turnover [J]. Journal of Political Economy, 1979, 87 (6): 1246-1260.

[95] Kelloway, E. K. Using LISREL for structural equation modeling [M]. Thousand Oaks, CA: Sage Publications, Inc, 1998.

[96] Kent, C. A. Entrepreneurship in economic development [A]. In C. A. Kent, D. L. Sexton, K. H. Vesper (Eds.), Encyclopedia of entrepreneurship: 237-256. Englewood Cliffs, NJ: Prentice Hall, 1982.

[97] Kirchhoff, B., Armington, C., Hasan, I., & Newbert, S. The influence of R & D expenditures on new firm formation and economic growth [EB]. (available at: <http: //www.njit.edu/old/News/Releases/finalreport_10-02-02.pdf>): accessed on April 24, 2006.

[98] Kirzner, I. M. Competition and entrepreneurship [M]. Chicago: University of Chicago Press, 1973.

[99] Krugman, P. Increasing returns and economic geography [J]. Journal of Political Economy, 1991, 99: 483-499.

[100] Krugman, P. Space: The final frontier [J]. Journal of Economic

Perspectives, 1998, 12 (2): 161−174.

[101] Kuznets, S. Economic growth of nations, total output and production structure [M]. Cambridge, MA: Harvard University Press / Belknapp Press, 1971.

[102] Kuznets, S. Modern economic growth [J]. American Economic Review, 1973, 63: 247−258.

[103] Lazear, E. P., Michael, R. T. Family size and the distribution of real per capita income [J]. American Economic Review, 1980, 70 (1): 91−107.

[104] Lee, S. Y., Florida, R., Acs, Z. J. Creativity and entrepreneurship: A regional analysis of new firm formation [J]. Regional Studies, 2004, 38 (8): 879−891.

[105] Losch, A. The economics of location [M]. Jena: Fisher, 1940.

[106] Low, M. B., MacMillan, I. C. Entrepreneurship: Past research and future challenges [J]. Journal of Management, 1988, 14: 139−161.

[107] Lucas, R. On the size distribution of firms [J]. BELL Journal of Economics, 1978 (9): 508−523.

[108] Lucas, R. On the mechanics of economic development [J]. Journal of Monetary Economics, 1988, 22: 3−42.

[109] Lynch, S. L. 2003. Expanding the Model Capabilities: Dummy Variables, Interaction, and Nonlinear Transformations (Soc504) [EB]. <http: //www.princeton.edu/ ~slynch/SOC_504/expanding_ols.pdf>: accessed on February 2, 2007.

[110] Maki, W., Lichty, R. W. Urban regional economics: Concepts, tools, applications [M]. Ames: Iowa State University Press, 2000.

[111] Malizia, E. E., Feser, E. J. Understanding Local Economic Development [M]. New Brunswick, NJ: Center for Urban Policy Research Marshall, A. 1890. Principles of Economics. London: MacMillan, 1999.

[112] Maskell, P., Malmberg, A. Localised learning and industrial competitiveness [J]. Cambridge Journal of Economics, 1999, 23: 167−185.

[113] Masurel, E., Nijkamp, P., Vindigni, G. Breeding places for ethnic entrepreneurs: a comparative marketing approach [J]. Entrepreneurship & Regional Development, 2004, 16 (1): 77−86.

[114] Mathur, V. K. Human capital-based strategy for regional economic development [J]. Economic Development Quarterly, 1999, 13 (3): 203−216.

[115] McGrath, R. G. Exploratory learning, innovative capacity, and managerial oversight [J]. Academy of Management Journal, 2001, 44 (1): 118−131.

[116] Mills, B., Hazarika, G. The migration of young adults from non-metropolitan counties [J]. American Journal of Agricultural Economics, 2001, 83 (2): 329−340.

[117] Minniti, M. Entrepreneurial alertness and asymmetric information in a spin-glass model [J]. Journal of Business Venturing, 2004, 19 (5): 637−658.

[118] Minniti, M., Bygrave, W. D. The microfoundations of entrepreneurship [J]. Entrepreneurship Theory and Practice, 1999, 23 (4): 41−52.

[119] Minniti, M., Bygrave, W. D. Global entrepreneurship monitor: National entrepreneurship assessment: United States of America [R], 2003 executive report: Kauffman Foundation and Babson College, 2004.

[120] Mora, M. T., Dávila, A. Ethnic group size, linguistic isolation, and immigrant entrepreneurship in the USA [J]. Entrepreneurship & Regional Development, 2005, 17 (5): 389-404.

[121] Murphy, K. M., Shleifer, A., Vishny, R. W. The allocation of talent: Implications for growth [J]. Quarterly Journal of Economics, 1991, 106 (2): 503-530.

[122] Nijkamp, P. Entrepreneurship in a modernd network economy [J]. Regional Studies, 2003, 37 (4): 395-405.

[123] Noorderhaven, N., Thurik, R., Wennekers, S., Van Stel, A. The role of dissatisfaction and per capita income in explaining self-employment across 15 European countries [J]. Entrepreneurship Theory and Practice, 2004, 28 (5): 447-466.

[124] Noyelle, T. J., Stanback, T. M. The economic transformation of American cities[M].Totowa,NJ:Rowman & Allanheld,1984.

[125] Partridge, M. D., Rickman, D. S. High poverty nonmetropolitan counties in America: Can economic development help? [J]. International Regional Science Review, 2005, 28 (4): 415-440.

[126] Poe, R., Courter, C. L. The next baby boom [M]. Across the Board, 1999.

[127] Polese, M. Cities and national economic growth: A reappraisal [M]. Urban Studies, 2005, 42 (8): 1429-1451.

[128] Porter, M. Competitive Advantage [M]. New York: Free Press, 1985.

[129] Porter, M. The competitive advantage of nations [M]. New York: Free Press, 1990.

[130] Porter, M. Location, competition, and economic development: Local clusters in a global economy [J]. Economic Development Quarterly, 2000, 14 (1): 15−34.

[131] Portes, A. Social capital: its origins and applications in modern sociology [J]. Annual review of sociology, 1998, 24: 1−24.

[132] Ram, M., Jones, T. Ethnic Minorities in Business [M]. Milton Keynes: Open University Press, 1998.

[133] Reynolds, P. D., Miller, B., Maki, W. Explaining regional variation in business births and deaths: U. S. 1976−88 [J]. Small Business Economics, 1995, 7: 389−407.

[134] Reynolds, P. D., Storey, D., Westhead, P. Cross-national comparison of the variation in new firm formation rates [J]. Regional Studies, 1994, 28: 443−456.

[135] Richard, O. C., Barnett, T., Dwyer, S., & Chadwick, K. Cultural diversity in management, firm performance, and the moderating role of entrepreneurial orientation dimensions [J]. Academy of Management Journal, 2004, 47 (2): 255−266.

[136] Ritsila, J. J. Regional differences in environments for enterprises [J]. Entrepreneurship & Regional Development, 1999 (11): 187−202.

[137] Rocha, H. O. Entrepreneurship and development: The role of clusters [J]. Small Business Economics, 2004, 23: 363−400.

[138] Romanelli, E. Organization birth and population variety: A community perspective on origins [A]. In L. L. Cumings, &

B. M. Staw（Eds.），Research in organizational behavior, Vol. 11: 211-246. Greenwich, CT: JAI Press, 1989.

[139] Romer, P. Increasing returns and long-run growth [J]. Journal of Political Economy, 1986, 94: 1002-1037.

[140] Romer, P. The origins of endogenous growth [J]. Journal of Economic Perspectives, 1994, 8（1）: 3-22.

[141] Sanders, H. J. What infrastructure crisis? [J]. Public Interest（Winter）, 1993: 3-18.

[142] Saxenian, A. Silicon Valley's new immigrant entrepreneurs [M]. San Francisco: Public Policy Institute of California, 1999.

[143] SBA Office of Advocacy. Employer firm births and deaths by employment size of firm, 1989-2003 [EB/OL]<http://www.sba.gov/advo/research/dyn_b_d8903.pdf>: accessed July, 30, 2006.

[144] Schmitz, J. A. Imitation entrepreneurship and long-run growth [J]. Journal of Political Economy, 1989, 97: 721-739.

[145] Schultz, T. P. Women's changing participation in the labor force: A world perspective [J]. Economic Development and Cultural Change, 1990, 38: 457-488.

[146] Schumpeter, J. A. The theory of economic development [M]. Cambridge, MA: Harvard University Press, 1934.

[147] Schumpeter, J. A. Capitalism, socialism, and democracy [M]. New York: Harper and Brothers, 1950.

[148] Sexton, D. L., Bowman-Upton, N. B. Entrepreneurship.creativity and growth [M]. New York: MacMillan Publishing Company, 1991.

[149] Shane, S. A. Explaining variation in rates of entrepreneurship

in the United States: 1899—1988 [J]. Journal of Management, 1996, 22 (5): 747—781.

[150] Shane, S. A. Prior knowledge and the discovery of entrepreneurial opportunities [J]. Organization Science, 2000, 11 (4): 448—469.

[151] Shapero, A., Sokol, L. Social dimensions of entrepreneurship [A]. In C. A. Kent, D. L. Sexton, & K. H. Vesper. (Eds.), Encyclopedia of entrepreneurship: 72—90. Englewood Cliffs, NJ: Prentice-Hall, 1982.

[152] Sharma, P., Chrisman, J. J. Toward a reconciliation of the definitional issues in the field of corporate entrepreneurship [J]. Entrepreneurship Theory and Practice, 1999, 23 (3): 11—28.

[153] Smeeding, T. Poor people in rich nations: The United States in comparative perspective [J]. Journal of Economic Perspectives, 2006, 20 (1): 69—90.

[154] Smith, H. L., Glasson, J., Chadwick, A. The geography of talent: entrepreneurship and local economic development in Oxfordshire [J]. Entrepreneurship & Regional Development, 2005, 17 (6): 449—478.

[155] Sobel, M. E. Asymptotic confidence intervals for indirect effects in structural equations models. In S. Leinhart (Ed.), Sociological methodology: 290—312 [M]. San Francisco, CA: Jossey-Bass, 1992.

[156] Solow, R. A contribution to the theory of economic growth [J]. Quarterly Journal of Economics, 1956, 70: 56—94.

[157] Solow, R. Technical change and the aggregate production

function [J]. Review of Economics and Statistics, 1957, 39: 312-320.

[158] Specht, P. H. Munificence and carrying capacity of the environment and organization formation [J]. Entrepreneurship Theory and Practice, 1993, 17 (2): 77-86.

[159] Stern, N. The determinants of growth [J]. The Economic Journal, 1999, 101: 122-133.

[160] Sternberg, R., Rocha, H. O. Why entrepreneurship is a regional event: Theoretical arguments, empirical evidence, and policy consequences [A]. In M. Rice, & T. Habbershon (Eds.), Entrepreneurship: The engine of growth Vol. 3: 215-238. Westport, CT: Praeger Publishers, 2007.

[161] Storey, D. The birth of new firms - Does unemployment matter? A review of the literature [J]. Small Business Economics, 1991 (3): 167-178.

[162] Storey, D. Understanding the small business sector [M]. New York: Routledge, 1994.

[163] Straub, D., Limayem, M., Krahnna-Evaristo, E. Measuring system usage: Implications for theory testing [J]. Management Science, 1995, 41 (8): 1328-1342.

[164] Tabachnick, B. G. 1996. Using multivariate statistics. New York, NY: HarperCollins. Tang, L., & Koveos, P. E. Venture entrepreneurship, innovation entrepreneurship, and economic growth [J]. Journal of Developmental Entrepreneurship, 2004, 9 (2): 161-171.

[165] Teixeira, C. Community resources and opportunities in ethnic

economies: A case study of Portuguese and Black entrepreneurs in Toronto [J]. Urban Studies, 2001, 38 (11): 2055-2078.

[166] Tienda, M., Raijman, R. Promoting Hispanic immigrant entrepreneurship in Chicago [J]. Journal of Developmental Entrepreneurship, 2004, 9 (1): 1-21.

[167] Todaro, M. Economic development [M]. Reading, MA: Addison-Wesley, 2000.

[168] Todtling, F., Wanzenbock, H. Regional differences in structural characteristics of start-ups [J]. Entrepreneurship & Regional Development, 2003, 15: 351-370.

[169] Tolbert, C., Sizer, M. U. S.communing zones and labor market areas: A 1990 update [G]. Staff paper No. AGES-9614. Rural Economy Division, Economic Research Services, US Department of Agriculture, Washington, D. C, 1990.

[170] Uzawa, H. Optimum technical change in an aggregative model of economic growth [J]. International Economic Review, 1965, 6 (January): 18-31.

[171] Van Stel, A., Carree, M., Thurik, R. The effect of entrepreneurial activity on national economic growth [J]. Small Business Economics, 2005, 24: 311-321.

[172] Van Stel, A., Storey, D. The link between firm births and job creation: Is there a Upas tree effect? [J]. Regional Studies, 2004, 38 (8): 893-909.

[173] Vesper, K. H. New venture strategies [M]. Englewood Cliffs. NJ: Prentice Hall, 1990.

[174] Von Boventer, E. Walter Christaller's central places and peri-

pheral areas: The central place theory in retrospect [J]. Journal of Regional Science, 1969, 9 (1): 117−124.

[175] Waldinger, R., Aldrich, H., Ward, J. Ethnic entrepreneurs: Immigrant businesses in industrial societies [M]. Newbury Park, CA: Sage, 1990.

[176] Ward, R., Jenkins, R. Ethnic Communities in Business [M]. Cambridge, UK: Cambridge University Press, 1984.

[177] Wennekers, S., Thurik, R. Linking entrepreneurship and economic growth [J]. Small Business Economics, 1999, 13: 27−55.

[178] Wennekers, S., Van Stel, A., Thurik, R., Reynolds, P. Nascent entrepreneurship and the level of economic development [J]. Small Business Economics, 2005, 24: 293−309.

[179] Wilson, K. L., Portes, A. Immigrant enclaves: An analysis of the labor market experiences of Cubans in Miami [J]. American Journal of Sociology, 1980, 86: 295−319.

[180] Wright, R. A., Ellis, M., Reibel, M. The linkage between immigration and internal migration in large metropolitan areas in the United States [J]. Economic Geography, 1997, 73 (2): 234−254.

[181] Yamada, G. Urban informal employment and self-employment in developing countries: Theory and evidence [J]. Economic Development and Cultural Change, 1996, 44: 289−314.

[182] Zacharakis, A., Reynolds, P. D., Bygrave, W. D. Global entrepreneurship monitor, national entrepreneurship assessment: United States of America 1999 executive report [R]. Kansas City, MO: Kauffman center for entrepreneurial leadership, 1999.

中文参考文献:

[1] 姜彦福.张帐创业管理学[M].北京:清华大学出版社,2005.
[2] 常建坤,李时椿.发达国家创业活动和创业教育的借鉴与启示[J].山西财经大学学报,2007,10(3):39-43.
[3] 朱仁宏,叶敏,邓靖松.2006年创业经济与企业发展研究报告[J].现代管理科学,2007(7):31-32.
[4] 陈震红,刘国新,董俊武.国外创业研究的历程、动态与新趋势[J].国外社会科学,2004(1):21-27.
[5] 张健,姜彦福,雷家骕.美国创业学术研究及其对我们的启示[J].外国经济与管理,2003,25(1):21-25.
[6] [美]彼得·德鲁克.创新与创业精神[M].上海:社会科学出版社,2005.
[7] 李政,柳春江.创业与经济增长理论研究述评[J].当代经济研究,2005(12):25-29.
[8] 姜彦福,高建,程源,邱琼.全球创业观察2002中国报告[M].北京:清华大学出版社,2004.
[9] 姜彦福,高建,程源,邱琼.全球创业观察2003中国及全球报告[M].北京:清华大学出版社,2004.
[10] 李政,李玉玲.创业型经济的构成元素与发展途径[J].外国经济与管理,2005,27(10):18-25.
[11] 景云祥,卫家稳.创业型经济:改变经济增长逻辑的经济形态[J].学术交流,2006(10):87-90.
[12] 湛军.创业与经济发展的理论研究框架分析[J].商业时代,2007,22:10-11.
[13] 刘显.论创业型经济及其在中国的发展[J].科技管理研究,2007(2):58-61.

［14］景云祥. 打造创业型经济：政策工具的选择与运用［J］. 经济理论与实践, 2006（7）: 50−53.

［15］邱琼, 高建. 创业与经济增长关系研究动态综述［J］. 外国经济与管理, 2004, 26（1）: 8−11.

［16］高建, 姜彦福, 李习保, 程源. 全球创业观察中国报告——基于2005年数据的分析［M］. 北京: 清华大学出版社, 2006.

［17］迟英庆, 陈文华, 张明林. 创业理论与实务［M］. 北京: 社会科学文献出版社, 2005.

［18］杨俊, 张玉利. 国外PSED项目研究评述及其对我国创业研究的启示［J］. 外国经济与管理, 2007, 29（8）: 18−29.

［19］陈晓萍, 徐淑英, 樊景立. 组织与管理研究的实证方法［M］. 北京大学出版社, 2009.

［20］肖信华. 技术创新的哲学理性研究［J］. 科技进步与对策, 2000（7）: 35−37.

［21］许庆瑞, 刘景江, 赵晓庆. 技术创新的组合及其与组织、文化的集成［J］. 科研管理, 2002（6）: 38−44.

［22］许庆瑞, 郑刚, 余子达, 沈威. 企业创新管理的新趋势——基于海尔集团的案例研究［J］. 科研管理, 2003（5）: 1−7.

［23］李垣, 乔伟杰. 基于价值管理中的企业创新系统构建［J］. 中国软科学, 2002（12）: 62−65.

［24］张华胜, 薛澜. 技术创新管理新范式: 集成创新［J］. 中国软科学, 2002（12）: 6−22.

［25］官建成, 张爱军. 技术与组织的集成创新研究［J］. 中国软科学, 2002（12）: 57−61.

［26］官建成, 钟蜀明. 技术创新绩效的产业分布与演变［J］. 中国科技论坛, 2007（9）: 26−32.